내 사랑을
찾습니다

초판 1쇄 발행 2019년 4월 20일

지은이 몸문화연구소
발행인 김신희
편 집 김정웅
디자인 김소영

발행처 헤겔의휴일
출판등록 제2017-000052호
주소 (07299) 서울 영등포구 경인로 775, 에이스하이테크시티 1동 803-28호
문의 및 투고 post-rock@naver.com
인쇄 천일문화사

ISBN 979-11-960916-4-4 43100
값 15,000원
ⓒ 몸문화연구소, 2019

이 저서는 2017년 대한민국 교육부와 한국연구재단의 지원을 받아 수행된 연구입니다.(NRF-2017S1A5B8057457)

인문학의 시선으로 바라본
청소년들의 사랑과 성性, 연애와 관계

몸문화연구소 지음

내 사랑을
찾습니다

헤겔의휴일

사랑? 사랑만큼 헤픈 말이 없다. 여기저기 지천으로 깔려있는 게 사랑이다. 너무 많고 너무 흔해서 무엇이 사랑이고 아닌지 헷갈린다. 진짜와 가짜가 구분이 되지 않는다. 그런가 하면 또 어디에선가는 요즘 진정한 사랑이 존재하지 않는다고도 말한다. 이미 오래전에 마지막 숨을 거두었다고.

'삼포세대'라는 말은 끔찍한 말이다. 나중에는 포기해야 하는 대상이 5가지, 7가지, n가지로 늘어났지만, 처음 포기해야 하는 것들이 연애와 결혼, 출산이었다는 사실은 의미심장하다. 사랑을 포기하면 도미노 효과가 일어난다. 기쁨과 희망도 포기하게 된다. 삼포세대는 절박하다. 궁지에 몰리면 도마뱀은 꼬리를 잘라낸다. 어느새 사랑이 사치가 되어버렸다. 사랑이 밥을 먹여주는 것은 아니니까. 삼포세대는 살아남기 위해서 사랑을 포기한다.

십 대 후반과 이십 대 초반에 나는 사랑이라는 말이 몹시 싫었다. 가요와 TV 연속극, 영화를 도배하는 사랑 타령이 싫었다. 사랑은, 고독을 견디지 못하는 약자의 변명처럼 여겨졌다. 니체의 짜라투스트라는 10년 동안 절대적 고독 속에서 살지 않았던가. 조용필의 킬리만자로의 표범도 있지 않은가. 그런데 사랑이란 누군가에게 의존하는 감정이다. 고독을 견디지 못하고 누군가에게 목을 매는 감정이다.

지금 돌이켜 보면 당시 사랑을 싫어했던 진짜 이유는 나의 결함에 있었다. 나는 다른 사람들과 자연스럽게 어울리지 못했으며, 복잡한 인간관계가 서툴렀고, 스스로 그런 관계를 무거운 짐짝처럼 거추장스러워했다. 혼자 있는 것이 좋았다. 은둔형 외톨이였던 것이다. 그럼에도 외로우면 외로울수록 누군가의 따뜻한 손길을 바라는 마음이 더욱 간절해졌다. 이런 상황에서 나는 열정으로의 사랑, 자기감정에 탐닉하는 사랑에 빠지기 쉬웠다.

당시에는 알지 못했지만 사랑도 관계의 한 종류이다. 관계 맺기에 서투른 사람은 사랑에도 실패할 가능성이 크다. 사랑을 관계로부터의 도피처로 삼기 때문이다. 이것이 열정에 눈이 먼 사랑이다. 도피성 사랑은 관계의 확대가 아니라 축소를 지향한다. 당시에 나는 성숙한 사랑을 할 준비가 되어 있지 않았다.

사랑과 열정은 혼동되기 쉽다. 열정 없이는 사랑도 없다는 사실을 생각하면 그러한 혼란을 피할 수 없는 것인지 모른다. 열정이 사랑의 씨앗일 수는 있다. 그러나 열정만으로는 사랑이 꽃을 피우지 못한다. 열정은 좋아하는 상대를 자기감정의 색깔로 물들인다. 상대를 있는 그대로 보는 것이 아니라 자기가 보고 싶은 대로 본다. 상대방을 지나치게 이상화하는 것이다(1장, 2장, 3장).

열정이 자아 중심적이라면 사랑은 타자 중심적이다. 사랑의 열병을 앓는 사람은 필요하다면 연인을 위해서 불속으로 뛰어들 수도 있을 것이다. 연인을 위한 죽음과 희생이 꿀처럼 감미로울 수도 있다. 그러나 그렇다고 해서 열정이 사랑이 되는 것은 아니다.

열정적 사랑은 쉽다. 물에 빠지듯이 연인에게 빠지고, 물에서 헤엄쳐 나오듯이 열정에서 깨어난다. 원 나잇 스탠드, 일회성 사랑도 그런 열정적 사랑의 한 부류이다. 상대를 배려하거나 고민하고 노력할 필요도 없다. 문제가 생기면 헤어지면 되기 때문이다(5장).

사랑을 이렇게 정의할 수 있다. 누군가를 생각하면 행복해지는 감정, 그래서 함께 있고 싶어 하는 감정이다. 그러나 이것만으로 충분하지 않다. 사랑은 순간적이 아니라 지속적이어야 하기 때문이다. 그래서 한순간이 아니라 계속해서 같이 있고 싶은 마음, 순간을 영원으로 끌어올리는 마음이 사랑이다.

사랑은 어렵다. 단 한순간에 사랑에 눈이 멀어버리기는 쉽다. 문제는 이렇게 눈이 멀면 상대를 보지 않는다는 점이다. 눈이 멀면 자기가 상상하는 것만 본다. 그러나 눈뜬 사랑을 하지 않으면 안 된다. 눈을 뜨고서 상대의 있는 그대로를 바라봐야 하는 것이다.

사랑한다고 밥이 나오는 것은 아니다. 사랑은 불행과 외로움의 도피처도 아니다. 열정의 강물에 잠기는 것도 아니다. 사랑은 관계 맺기의 한 종류이다. 좋은 관계를 유지하는 것은 어렵다. 자기가 좋아하는 연인은 혼자서 사는 것이 아니라 가족과 친구들과 더불어서 살기 때문이다. 사랑은 이렇게 확대되는 관계까지도 포함하고 있다. 그래서 자칫하면 사랑이 질투로 바뀌기도 한다(4장).

다시 말하지만 사랑은 매우 어려운 것이다. 같이 있으면 행복해지는 사람에 대한 감정이 사랑이지만, 이것을 지속하려는 의지와 노력이 수반되어야 하기 때문이다. 그런데 여기에 딜레마가 있다. 우리는 노력해야 하는 사랑을 원치 않는다. 사랑과 노력은 형용모순처럼 느껴진다. 사랑의 묘약, 도피성 사랑을 꿈꾸는 것이다. 더구나 우리는 인터넷과도 사랑할 수 있는 시대에 살고 있지 않은가(5장).

사랑의 길에는 수많은 장애물들이 있다. 그런 장애물을 제거해야 할 때도 있고, 건너뛰거나 피해 가야 할 때도 있다. 가장 큰 장애는, 사랑은 반드시 이래야 된다는 통념들이다. 남자는 이래야 하고 여자는 저래야 한다는 기대감(8장)에 걸려 넘어져 코가 깨지는 연인들도 많이 있다.

또 다른 장애물은 나르시시즘적인 자아 집착이다. 자기 자신을 너무나 사랑하기 때문에 다른 사람을 사랑하지 못하는 사람, 절대로 자신의 취향과 목표를 포기하지 않으려고 하는 사람들이 많다. 연인과 같이 있으면서도 혼자 있는 것처럼 사랑하려는 것이다. 그러나 사랑은 독주가 아니라 듀엣이다.

과거의 어느 때보다도 사랑의 방해물들이 많지만 그럼에도 과거의 어느 때보다도 사랑의 길이 다양해졌다. 반드시 이성과만 사랑을 해야 하는 것은 아니다(9장). 사랑이 결혼과 출산으로 이어질 필요도 없다(6장).

이 책은 사랑의 달달함이 아니라 사랑의 어려움에 대한 책이다. 사랑이 열정 이상의 감정이라는 것을 모르는 사람들은 사랑에 실패하기 마련이다. 첫사랑에 실패하는 가장 큰 원인은 열정을 사랑과 착각하는 데서 비롯한다(5장). 사랑은 눈먼 열정이 아니다. 사랑은 고독과 고통으로부터의 도피처도 아니다. 사랑은 두 눈을 크게 뜨고 서로를 바라보며 살아가는 삶의 과정이기 때문이다.

몸문화연구소 소장
김종갑

CONTENTS

사랑의 감정도 변하지만,

동시에 사랑의 개념과 방식 역시 역사적으로 변화한다.

사랑의 '어려움'은 사랑의 본질적 속성이다.

사랑이 감정의 영역이면서도 관계의 영역이기 때문이다.

특히 '사랑과 시간'이라는 주제는 사랑을 하려는 모든 사람들이 해결해야 할 문제이다.

Part 1

사랑과 시간: 사랑이 어떻게 안 변하니?

임지연

내 사랑을 찾습니다
I'm Looking For My Love

사랑은
어려워요

"연애는 내가 누구인지 더 잘 알게 해준 것 같아요."

"연애를 통해 내가 어떻게 살아야 하는지를 더 깊게 생각하게 되었어요."

이 글을 쓰기 전 나는 세 명의 여고생과 인터뷰를 했다. 10대 청소년들의 연애와 사랑을 알고 싶었기 때문이다. 내 세대와는 분명히 다른 오늘날 청소년들의 현실을 알아야 이 글을 완성할 수 있을 것 같았다. 그래서 무더운 여름날 여고생들을 만나 연애와 사랑을 주제로 오랫동안 이야기를 나누었다. 처음엔 내가 궁금한 것을 묻고 여고생들이 대답하는 방식이었지만, 시간이 지나자 소녀들은 질문에 얽매이지 않고 풍부하고 깊은 삶과 연애, 정체성에 대한 이야기들을 들려주었다. 나는 묻는 대신 이들의 이야기에 귀 기울였다. 사랑에 빠진 모든 사람들의 이야기와 다르지 않았기 때문이다.

사실 나는 10대들의 연애에 대해 편견을 가지고 있었다. 금방 달아올랐다가 쉽게 사그라드는, 풋사과처럼 어설픈 사랑일 것이라고 말이다. 하지만 소녀들과 이야기 나누면서 내 생각이 잘못되었다는 것을 깨달았다. 소녀들은 연애와 사랑에 대한 감정과 관계, 상처와 기억, 정체성의 문제와 관련하여 성숙한 태도를 가지고 있었다. 연애를 하고 있거나 혹은 연애가 끝난 후, 자기를 성장시키는 관점에서 사랑의 의미를 되새길 줄 알고 있었다. 연애를 통해 자신을 돌아보며, 퍼 주는 사랑과 자기를 지키는 사랑의 한계와 장점에 대해서도 충분히 고민하고 있었다. 그리고 누군가를 사랑하는 것은 아름다운 일이지만, 동시에 고통스러우며, 그 과정을 통해 사람들과 어떻게 관계를 맺으며 살아가야 하는지 생각할 줄 알고 있었다. 그리고 사랑이 자기를 더 자기답게 만들고, 더 성숙하게 하는 것 같다고 말했다.

그러나 아쉬운 점도 있었다. 이들은 어른들의 사랑을 흉내 내고, 어른들의 왜곡된 사랑을 답습한다는 느낌을 받았다. 우리는 사랑에 대한 지식을 신뢰할 수 있을까? 어른들의 사랑은 올바른가? 사랑은 자연적인 것이어서 끌리는 대로 하면 되는 걸까? 모든 사람들이 사랑에 빠지지만 사랑을 잘하기란 어렵다. 이때 '사랑'이란 무엇이고, 사랑을 '잘' 한다는 것은 또 무엇일까?

사랑은 이중적이다. 사랑을 받을 때는 행복한 천국이지만, 의견 충돌이 있을 때는 고통스런 지옥이다. 사랑은 영원할 것 같지만 동시에 이별을 피해 가기 어렵다. 내 주장을 강하게 내세우면 이기적이라고 비난받고 상대방에게 헌신하면 헌신짝처럼 아무렇게나 취급받기도 한다. 오직 이 사람과 영원할 것 같지만, 이별과 만남을 반복하기도 한다. 또한 사랑은 어마어마한 감정적 에너지를 낭비하게 하면서도 동시에 일상적 삶의 균형감을 동시에 요청한다. 이를 사랑의 이중성이라고 부를 수 있을 것 같다. 이와 같은 사랑의 이중성은 사랑을 어렵게 만든다. 누구나 사랑을 원하고 사랑에 쉽게 빠지지만, 사랑의 과정은 항상 어렵다. 도대체 어떻게 해야 우리는 사랑을 잘할 수 있을까? 사랑은 아름답고 중요한 것이라고 하면서 사랑을 어떻게 해야 하는지에 대해서는 누구도 말해주지 않는다.

이 글은 사랑과 시간, 사랑과 영원성의 문제를 탐색한다. 왜 사랑은 변할까? 왜 그(그녀)는 나를 차버렸을까? 왜 처음 느꼈던 설렘은 점점 사라지는 것일까? 왜 그(그녀)가 처음과는 달리 지루하게 느껴지고, 자꾸 싸우게 되는 걸까? 처음엔 나를 공주(왕)처럼 대하던 그(그녀)는 왜 이제 군림하려고 하는 걸까? 왜 나밖에 없다고 하더니 다른 사람을 좋아하게 된 걸까? 이 질문에 대답해 보자.

콩깍지의
유효기간은 있을까?

"진짜 사랑은 변하지 않는 거예요."

"영원한 사랑이 어딘가엔 있을 것 같아요."

내가 세 명의 소녀들에게 사랑과 시간의 관계를 물었을 때 이들은 언젠가는 변하지 않는 사랑, 영원한 사랑을 할 수 있을 것이라고 대답했다. 영원한 사랑은 정말 있는 걸까? 사랑에도 유통기한이 있을까?

생화학자들은 사랑이 호르몬의 변화에 있다고 말한다. 사랑에 막 빠진 인간은 화학 공장 수준으로 호르몬을 분비한다는 것이다. 가령 도파민은 사랑의 첫 단계에서 상대방에게 호감을 느끼게 하는데, 상대방의 얼굴만 봐도 행복하다고 느끼게 한다. 페닐아틸아민은 사랑에 깊이 빠졌을 때 분비되는 호르몬으로서, 황홀감을 느끼게 한다. 사랑에 빠진 연인들이 활기가 넘치고 쾌활

해지고 즐거움을 만끽하는 이유이다. 옥시토신은 성적 흥분, 짝 짓기, 오르가슴을 유발하는 호르몬이다. 엔도르핀은 사랑의 안정 단계에서 분비되는데, 몸뿐 아니라 마음으로 사랑을 느끼게 하는 행복 호르몬이다. 흔히 사랑에 빠진 커플이 잘 어울릴 때 "케미가 폭발한다", "케미가 잘 맞는다"라고 표현한다. 여기서 케미(케미스트리, Chemistry)란 바로 사랑의 호르몬을 가리키는데, 사랑의 콩깍지가 씌었을 때 더 강하게 나타난다. 어쩌면 사랑은 마음의 작용이기도 하지만 호르몬 분비로 인한 물리적 작용이기도 하다. 사랑에 빠져 눈에 콩깍지가 씌면, 마음은 고삐 풀린 망아지처럼 날뛰고 감정은 폭풍우 치는 바다의 파도로 일렁인다. 이성적이고 합리적인 뇌는 쓸모없게 되어 사랑에 막 빠진 사람은 속수무책이 된다.

내 사랑의 유통기한은 얼마일까?

일러스트: 박지승

그러나 비극적이게도 사랑의 호르몬은 30개월 정도가 지나면, 대뇌에 항체가 생겨서 더 이상 분비되지 않는다고 한다. 눈에서 하트가 그려지고, 좋아하는 사람에게 후광이 비치고, 온 세상이 분홍빛으로 보이는 시간이 한정되어 있다는 말이다. 과학의 관점에서 사랑의 감정이 변하는 것은 자연스러운 일이다. 마치 모든 인간이 유아기를 지나 아동기와 청소년기를 맞이하는 것처럼 말이다. 그러니 "어떻게 사랑이 변하니?"라는 질문은 우문이다. 가을이 되어 빨갛게 익은 사과에게 "어떻게 빨갛게 변할 수 있니?"라고 묻는 일과 같다.

그러나 사랑에 빠지면 이상하게도 사랑이 영원히 지속되기를 바라며, 내 사랑만은 그럴 것이라고 믿고 싶어 한다. 남산 타워에 있는 사랑의 자물쇠 공원은 연인들을 위한 장소로 유명하다. 연인들은 '영원히', '함께'와 같은 사랑의 맹세를 담아 자물쇠로 영원히 봉인한다. 공원에는 오래전에 달아 놓은 녹슨 자물쇠도 있고, 며칠 전에 달아 놓은 반짝이는 새 자물쇠도 있다. 영원한 사랑이 봉인된 자물쇠 장벽을 바라보고 있노라면 기묘한 느낌이 든다. 얼마나 사랑이 간절하면 저럴까 싶으면서 한편으로는 영원한 사랑이 얼마나 어려운 것인가를 역설적으로 표현하는 것처럼 보인다. 영원한 사랑을 바랐지만 남산을 내려가 서로 헤어진 커플들은 남산 타워를 바라보며 어떤 느낌이 들까. 커플들이 사랑 고백을 위해 다이아몬드 반지를 주고받는 것 역시 같은 이유일 것이다. 다이아몬드 반지는 사랑의 한정된 유통기한을 영원한 시간이라는 상자에 넣어 신선하게 보존하고 싶은 욕망을 물질적 이미지로 전환한 것이다. 사랑의 감정이 쉽게 변할 수 있다는 것을 경험적으로 잘 알고 있으면서도 말이다.

남산타워 사랑의 자물쇠 공원에서 찍은 자물쇠들의 모습

사랑에 막 빠진 사람들은 남녀노소를 불문하고 사랑은 변하지 않아야 하고 죽을 때까지 사랑해야 할 뿐 아니라, 사랑의 호르몬이 펑펑 분비되면서 생기는 사랑의 열정을 유지해야 진정한 사랑이라고 믿는다. 그래서 상대가 관심을 늦추거나 바쁘다고 약속을 미룰 때, 이렇게 말한다.

"너, 변했어!"
"어떻게 사랑이 변하니?"

사랑의 감정도 변하지만, 동시에 사랑의 개념과 방식 역시 역사적으로 변화한다. 사랑의 '어려움'은 사랑의 본질적 속성이다. 사랑이 감정의 영역이면서도 관계의 영역이기 때문이다. 특히 '사랑과 시간'이라는 주제는 사랑을 하려는 모든 사람들이 해결해야 할 문제이다.

낭만적 사랑의
함정

결론적으로 말하자면 사랑은 변한다. 사랑의 개념은 장소와 시대마다 달라진다. 동서양을 막론하고 사랑의 지식/개념은 변해왔다. 즉 사랑의 내용과 형식이 시대마다 달라진다는 말이다. 서구에서의 변화만 살펴보면 16세기에는 '이상적 사랑', 17세기에는 '열정적 사랑', 18세기 이후에는 '낭만적 사랑'이 형성되었다. 그리고 근대 이후에는 현대적 사랑의 개념이 확립되었다. 사랑의 역사를 살펴보는 일은 흥미로운 일이다. 사랑을 개인적 감정의 문제가 아니라 사회적·문화적 양식의 문제라는 관점으로 접근하면, 사랑을 복합적으로 이해할 수 있기 때문이다.

서구의 중세 말 궁정사회의 사랑은 '이상적 사랑'이다. 아더 왕과 원탁의 기사들 이야기에 주로 나타나는 이 사랑의 형태는 귀부인과 기사 사이에서 일어난다. 바위에 박힌 왕의 검 엑스칼리

버를 뽑은 후 브리튼족의 전설적인 왕이 되었다는 아더 왕에게는 원탁의 기사들이 있었다. 그중 호수의 요정 손에서 자라나 '호수의 기사'로 불린 랜슬롯은 가장 잘생기고 예의 바르며 무술 실력도 뛰어난 최고의 기사였다. 그는 정의를 실천하고 위험에 빠진 수많은 귀부인들과 기사들을 구했다. 랜슬롯은 아더 왕의 부인인 귀네비어를 호위하게 되었는데, 둘은 사랑에 빠지고 말았다. 둘 다 사랑의 번민에 휩싸이고 아더 왕과 갈등하지만, 결국 랜슬롯은 아더 왕에게 충성을 다하게 된다. 랜슬롯과 귀네비어의 사랑은 신과 왕에 대한 충성심을 거스르지 않는 방향으로 전개되었다. 이 사랑의 핵심은 귀족 부인에 대한 기사의 충성스러움, 성스러운 존재에 대한 찬양이다.

여기서 스킨십과 같은 육체적 관계는 문제가 되지 않는다. 서로 손을 잡거나 포옹하고, 잠자리를 같이하는 내용은 이야기에 나오지 않는다. 귀족 부인인 귀네비어에 대한 기사 랜슬롯의 사랑은 고결한 여인을 향한 지고지순한 헌신이며 의무이고 찬양이다. 사랑의 신 성녀(귀부인)를 숭배하는 태도가 그 시대의 사랑이었다. 기사는 아름답고 기품 있는 귀부인에게 무릎을 꿇은 채 위대한 사랑을 바치면 충분했다.

그러나 17세기가 되면 사랑의 형태는 변한다. '열정적 사랑'으로 불리는 이 시대의 사랑은 좌절과 수난, 고통의 이야기로 이루어진다. 젊은이라면 자발적으로 자기 삶을 통째로 바치는 사랑을 꿈꾸고 그렇게 해야 하는 것이 '진정한' 사랑이었다. 열정적 사랑은 괴테의 소설 『젊은 베르테르의 슬픔』에 잘 표현되어 있다. 소설 속 주인공 젊은 베르테르는 쾌활하고 영민한 법관의 딸 샤로테를 사랑하게 된다. 그러나 샤로테에게는 약혼자가 있었으며 이들은 후에 결혼하게 된다. 베르테르는 샤로테 부부와 친하게 지내지만 샤로테에 대한 사랑을 감당할 수 없어 결국 마을을 떠나 권총으로 자살하는 것으로 끝을 맺는다. 단순한 이야기 같지만 작가 괴테가 23세에 쓴 이 소설이 출간된 시절에 자살은 용서할 수 없는 죄악이었다. 게다가 약혼자가 있는 사람을 향한 주인공의 사랑과 자살 행위는 당대의 질서를 뒤집는 놀라운 이야기였다. 그러나 당시 젊은이들은 소설 속 베르테르가 입던 노란색 조끼와 파란색 연미복을 따라 입고, 베르테르의 자살을 모방할 만큼 이 이야기에 공감했다. 신의 질서 안에 있는 숭고하고 의례적인 사랑이 아니라, 현실 속 남녀 간의 순수한 사랑 이야기에 열광했다.

베르테르의 사랑 이야기는 열정적 사랑의 특징인 비합리성과 감정의 과도함을 잘 보여준다. 첫째, 열정적 사랑의 특징인 비합리성은 돈이나 미래 계획, 신중한 태도, 합리적 사고를 사랑의 방해 요인으로 인식한다. 개인의 이익과 관련된 사랑은 '가짜' 사랑이라고 여겼다. 사랑하는 사람이 어떤 직업을 가졌는지, 얼마나 부자인지, 외모가 어떤지, 어떤 대학을 나왔는지에 대해 고려

하지 않는 사랑, 오직 사랑만이 전부인 사랑을 최고로 여겼다. 즉 '사랑하기 때문에 사랑을 한다', '사랑을 위한 사랑'의 개념이 도입되기 시작하였다. 둘째, 열정적 사랑은 과도한 감정이라는 특성을 갖는다. 누군가 사랑에 빠지게 되면 물불을 가리지 않고, 생각도 하지 않고, 앞뒤도 재지 않는 '과도한 열정'을 갖게 된다. 과도한 감정에는 한계가 없다. 그래서 열정적 사랑에 빠진 사람은 죽음에 이를 때까지 사랑의 감정을 쏟아붓는다. 베르테르를 보라. 자신의 미래나 직업에 대해 계획하지도 않고, 샤로테에게 약혼자가 있더라도 사랑을 멈추지 않으며, 사랑의 고뇌를 삶의 목적으로 삼을 뿐 아니라, 사랑을 완성하기 위해 자살을 시도했다. 이처럼 비합리적이고 과도한 감정을 사랑의 가치 중 최고로 여기는 것이 열정적 사랑의 개념이다. 이 소설을 읽고 수많은 청춘들이 사랑의 열병을 앓으며 자살을 유행시켰던 것도 사회적으로 열정적 사랑이 받아들여졌기 때문이다. 이처럼 사랑의 개념을 역사적으로 살펴보면, 사랑이 아무도 들여다볼 수 없는 사적 영역인 것처럼 보이지만 사회적 양식의 형태로 존재함을 알게 된다.

18세기가 되면 열정적 사랑 대신 '낭만적 사랑'의 형태가 자리 잡는다. 이전의 '열정적 사랑'은 일상적 삶을 벗어난 특별한 감정으로 취급되었다. 반면 낭만적 사랑은 사랑을 결혼이라는 일상 세계로 끌어온다. 그리고 사랑에 대한 개념을 변하지 않는 것,

영원한 것으로 귀착시켰다. '이상적 사랑'과 '열정적 사랑'이 대체로 귀족의 것이었다면, '낭만적 사랑'은 18세기 자본주의적 시민 사회에 걸맞은 형태이다. 귀족 사회를 비판하면서 등장한 시민 계급은 '열정적 사랑'이 가지는 속성인 '결혼과 사랑의 불일치, 불륜을 인정한 비도덕성'을 비판하면서 결혼-성적인 것-사랑을 일치시키고자 하였다. 이것이 낭만적 사랑이라는 사회적 형식으로 코드화[1] 되어 갔다.

낭만적 사랑의 원형은 트리스탄과 이졸데 이야기이다. 켈트족 신화인 『트리스탄의 사랑』에서 사랑의 고통은 삼각관계로 인해 일어난다. 이졸데 공주는 마크 왕과 정략결혼을 해야 하는 상황에서 하녀의 실수로 사랑의 묘약을 마신다. 그리고 트리스탄과 사랑에 빠진다. 이졸데 공주와 트리스탄은 각각 다른 사람과 결혼하여 타국 땅에서 살아가면서도 서로를 잊지 못하고 사랑을 지속한다. 트리스탄은 전투에 나갔다가 깊은 상처를 입고 돌아와 이졸데 공주를 불러 달라고 부인에게 말한다. 이졸데 공주가 배에 타고 있으면 하얀 돛을 달고, 이졸데 공주가 타지 않았다면 검은 돛을 달아 달라고 부탁한다. 이졸데 공주는 트리스탄이 죽어 간다는 말을 듣고 배를 타고 그를 만나러 온다. 그러나 부인은 질투심 때문에 멀리서 검은 돛을 단 배가 오고 있다고 트

---

1. 니클라스 루만(정성훈 외 역), 『열정으로서의 사랑』, 새물결, 2009, 79~227쪽.

리스탄에게 거짓말을 한다. 트리스탄은 깊은 절망감으로 죽어버리고, 이졸데 역시 트리스탄의 시신 옆에서 자살한다. 후대에 두 사람의 묘지에서 넝쿨이 자라나 서로 하나가 되었다는 것으로 이 이야기는 끝난다.

〈트리스탄과 이졸데〉(1916) 존 윌리엄 워터하우스(John William Waterhouse) 作

사랑의 관계란 나 자신과의 사랑(나르시시즘)이 아니라, 타인과 동적으로 관계 맺음을 하는 것이다. 그런데 타인을 나와 같은 동일한 존재로 생각하고, 타인의 본질적 특징을 없애버린다면 그것은 사랑이 아니라 자기애 혹은 나르시시즘일 수밖에 없다. 사랑의 가치는 존재가 타인에게로 열려 가는 것이다. 나 자신의 울타리 안에서 내가 파 놓은 우물을 통해 자기를 들여다보는 주체는 사실상 존재하기 어렵다. 사랑은 자기애를 벗어나 타인과 관계를 새롭게 형성하면서 새로운 사회를 만들어갈 수 있는 근원적 에너지이다.

사랑은 사랑하는 상대가 나와는 다른 존재라는 사실을 전제로 한다. 나와 같은 존재라면 사랑이 실현될 수 없다. 상대는 나와 다른 피부로 둘러싸여 있고, 다른 뇌를 가지고 다른 생각을 하며, 다른 공간에서 다르게 살아왔으며, 다른 취향과 다른 사유 구조를 지니고 있다. 즉 나와는 완전히 다른 '타자他者'이다. 타자란 나와 같아질 수 없는 완전히 다른 존재를 말한다. 트리스탄과 이졸데는 사랑의 영역 안에서 사랑하는 존재로만 서로 융합되어 있다. 서로의 차이와 개성을 드러내지 못했다. 이들은 죽음을 통해 사랑을 완성한 것 같지만, 내가 보기에 이들의 사랑은 서로의 차이를 긍정하지 못했다는 점에서 실패한 사랑이다. 낭만적 사랑은 사랑하는 상대를 타자로 두지 않고, 나와 같은 존재로 만들면서 사랑을 하나로 '융합'하려고 한다. 이것이 낭만적 사랑의 폭력성이다.

낭만적 사랑은 사랑을 제대로 하지 못하게 만드는 방해 요인으로 작용한다. 낭만적 사랑의 부정적 측면을 두 가지로 나누어 생각해 보자.

첫째, 융합적 사랑은 타인을 자기와 동일시하면서 타인의 '차이'를 무시하는 폭력적 태도이다. 그것은 어떤 의미에서 사랑이라고 할 수 없다. 사랑해야 할 타인의 자리에 자기 자신을 갖다 놓고 결국 자기를 사랑하기 때문이다. 그렇다면 트리스탄과 이졸데는 서로의 차이를 인정했는가? 사랑하는 그(그녀)의 존재적 차이에 대해 사유하면서 사랑의 관계를 만들어나갔는가? 이 질문에 트리스탄과 이졸데는 긍정적인 대답을 내리기 어려울 것이다. 그들은 열렬히 사랑했으나 서로의 취미, 세계관, 언어, 남녀 차이, 미래적 삶에 대한 어떤 고민도 나눈 것 같지 않다. 그리고 사랑이라는 블랙홀 속에 빠져 용해되어 사라졌다. 낭만적 사랑은 방해와 장애가 클수록 격렬한 감정에 휩싸이면서 사랑의 관계가 다이아몬드처럼 단단해진다는 환상을 제공한다. 현대의 숱한 멜로물이 여전히 이 형태를 취하고 있다. "내 눈에 흙이 들어가기 전에는 절대 허락할 수 없다"는 태도를 지닌 완고한 부모나, 알고 보니 남매간이었다는 숨겨진 진실이 오히려 두 사람의 관계를 결속시킨다. 사랑은 고난과 단련을 통해 완성될 수 있으며, 심지어 죽음도 그 사랑을 가로막을 수 없다. 오늘날 막장 멜로드라마가 인기 있는 이유는 18세기에 형성된 낭만적 사랑의 관념을 현대인들이 여전히 동의하기 때문이다. 그러나 이러한 사랑은 서로의 차이를 무시하고, 현실 속에서의 사랑을 방해한다.

둘째, 낭만적 사랑의 핵심인 '영원성'이라는 관념은 '진실한 사랑은 변하지 않는 것'이라는 생각을 부여한다. 그래서 현실에서의 사랑을 고려하지 않고, 사랑을 이상화한다. 변하는 사랑은 가짜 사랑이라는 것이다. 처음 사랑했던 그대로 죽을 때까지 사랑을 보존해야 진짜 사랑이라고 생각한다. 트리스탄과 이졸데는 현실에서 허락되지 않은 장애물 때문에 다른 사람과 결혼하게 되는데, 그럼에도 둘의 사랑은 변하지 않고 죽을 때까지 지속되었다. 서로의 감정을 확인할 수 없는 상황임에도 각자는 사랑의 감정을 보존한다. 오히려 죽음이라는 냉동고 안에서 사랑은 변하지 않을 수 있었다. 이것이 18세기에 등장한 '진짜' 사랑의 형식이었다. 여전히 지금도 결혼식장에서 주례는 신랑과 신부에게 "검은 머리 파뿌리가 될 때까지 사랑하겠는가?"라고 묻고, 신랑 신부는 "예"라고 큰 소리로 대답한다. 사랑은 죽을 때까지 변하지 않아야 하며, 영원해야 한다는 약속을 수많은 하객 앞에서 선언한다.

하지만 결혼 생활이 시작된 후 대부분 사랑의 약속은 깨지기 시작한다. 두 사람은 서로 비난한다. "너, 변했어", "어떻게 네가 변할 수 있니?"라고 말이다. 왜 싸우는 걸까? 빠르게 대답한다면, 이것은 사랑을 어떻게 인식하고 있느냐의 문제 때문이다. 사랑의 호르몬이 펑펑 솟구치던 때의 감정이 '진짜' 사랑이라는 인식을 갖게 되면, 상황에 따른 변화를 '식었다', '변했다', '약속을 깼다'는 것으로 인식하기 쉽다. 낭만적 사랑은 아름답지만 현실적 삶과 결속되기 어려운 측면이 있다. 낭만적 사랑의 전통 속에 있는 우리가 다시 생각해봐야 할 지점이다.

투쟁으로
얻어내야 했던 사랑

　사랑의 가치는 역사적으로 이상적 관계, 열정, 영원함으로 변해왔다. 그렇다면 현재 우리가 사랑이라고 생각하는 관념도 얼마 지나지 않아 변할 것이다. 언젠가 "어떻게 결혼하게 되셨어요?"라는 물음에 "그때는 손만 잡으면 결혼해야 하는 줄 알았지"라고 답해주시던 노교수님이 생각난다. 손만 잡으면 결혼해야 한다는 것은 노교수님의 젊은 시절에 통용되던 사랑과 결혼에 대한 사회적 관념이었다. 많은 사람들은 자기가 살아가는 시대의 사랑 공식을 따르게 마련이다. 우리도 그러할 것이다. 지금 내가 유일무이한 사랑을 한다고 생각하지만, 사회적 사랑을 우리는 각자 수행하고 있기 때문이다.

　서구의 사랑 형태가 이상적 사랑, 열정적 사랑, 낭만적 사랑으로 변화했다면 한국의 사랑은 어떠했을까? 조선시대에는 지금 우리가 생각하는 의미의 사랑 개념이 없었다. 이전의 사랑은 '애 인愛人'의 의미였는데, 이는 임금이 백성을 사랑한다는 뜻이었다. 그러므로 남녀가 손을 잡고 데이트를 하는, 우리가 알고 있는 사 랑 개념은 존재하지 않았다. 그러다가 근대 초에 영어 'love'가 일본을 통해 '연애戀愛'로 번역되어 한국에 전파되었다. 1920년대 김동인의 소설을 보면 "Y는 나를 love한다. 오늘에야 그것을 알 았다"(「마음이 여튼 자여」)라는 문장이 나온다. love라는 말이 생경하 게 드러나 있다. 낯선 번역어였기 때문이다.

한국문학사에서 가장 유명한 소설가 이광수는 근대의 사랑 이 야기로 스타가 되었다. 이광수의 장편소설 『무정』은 1918년에 출판되었는데, 근대 초 청춘 남녀의 설렘과 스킨십, 삼각관계와 질투, 갈등과 오해, 민족이냐 사랑이냐의 문제를 다룬 연애소설 이다. 영어교사 이형식은 미국 유학을 준비하는 김 장로의 딸 선 형에게 사랑을 느낀다. 그런데 형식은 고아인 자신을 보살펴 준 박 진사의 딸 영채와 정혼한 사이이다. 영채는 민족운동을 하던 아버지가 옥살이를 하게 되자 아버지를 부양하기 위해 기녀가 되었다가 배 학감에게 강간당한다. 형식과의 결혼을 위해 처녀 성을 지키던 영채는 절망감으로 대동강에 빠져 죽으려고 하지만 동경 유학생 병욱의 설득으로 자살을 포기하고 유학을 준비한 다. 한편 형식은 영채에 대한 의무감과 동정심, 선형에 대한 사 랑 사이에서 고뇌한다. 결국 형식과 선형은 결혼한 후 미국 유학을 위해, 영채와 병욱은 일본 유학을 가기 위해 같은 기차를 탔다가 한자리에 모이게 된다. 삼랑진에서 수재水災를 겪은 이들은 민족과 근대국가 건설을 위해 살아갈 것을 다짐하며 모든 사랑의 갈등은 해소된다.

이광수의 『무정』 재판본 표지

이 소설이 문제적인 것은 독자들의 반응 때문이었다. 소설의 주인공들이 사랑 때문에 고뇌하고, 자유연애를 통해 결혼하는 과정은 그 자체로 파격적인 것이었다. 이 소설이 출간되던 때는 '남녀칠세부동석男女七歲不同席'의 사상이 지배하던 시절이었다. 남자와 여자는 일곱 살이 되면 한자리에 앉을 수 없었고, 낯선 이들끼리 말도 나눌 수 없을 만큼 남자와 여자의 세계는 거대한 장벽으로 나뉘어 있었다. 서로 데이트를 하거나, 자유롭게 대화를 나누거나, 손을 잡고 길을 걸을 수도 없었다. 사랑에 빠지기도 어렵지만, 설사 그렇다고 하더라도 자유롭게 결혼할 수 없었다. 이 시기는 '조혼早婚'이 일반적이었다. 말 그대로 부모가 어린아이를 일찍 결혼시키는 제도였다. 아이들이 어릴 때 부모들끼리 서로 혼인시키자고 약속하면 아이들은 상대가 누구인지도 모른 채 결혼을 해야 했다. 그러니 결혼식 첫날밤에 서로의 얼굴을 처음 보는 신랑 신부는 부지기수였다. 조혼제도는 사랑의 주체인 청춘들의 권리를 빼앗고, 사랑 없는 결혼을 통해 애정 없는 가정을 만들기 일쑤였다. 가난한 남편들은 오랫동안 일자리를 찾아 떠나가 돌아오지 않거나, 부잣집 도련님들은 일본으로 유학을 떠나 돌아오지 않아도 문제가 되지 않는 때였다. 그 시절 이광수의 소설 『무정』이 신문에 연재되기 시작한다. 조선의 청춘들은 부모에 의한 결혼이 아니라, 사랑하는 사람을 스스로 선택하고 결혼할 수 있는 새로운 권리를 책에서 배우기 시작했다. 그리고 그것을 현실에서 실천했다. 부모들의 결혼 명령을 무시하고 사랑하는 사람을 스스로 선택했다. 연애에 눈뜬 조선의 청춘들은 집을 뛰쳐나가 자기 삶을 스스로 결정하고 행동하는 근대적 개인으로 탄생하게 된다. 한 권의 책이 근대 초기 조선 청춘들의 연애 풍속을 바꾸고, 근대적 개인을 탄생시키는 계기를 마련한 것이다. 연애와 사랑 이야기가 결혼제도를 바꾸고, 새로운 국가를 꿈꾸게 한 원동력이 될 만큼 사회적 사건이 되었던 것이다.

이후 연애는 자유연애사상이 되었다. 수많은 청춘 남녀들은 연애를 단지 데이트 정도의 문제가 아니라, 자기 삶과 세계를 보는 시각인 '사상'으로 심화시켰다. 『무정』이 출판된 지 8년 후인 1926년 8월 〈동아일보〉에는 다음과 같은 기사가 실렸다.

지난 3일 밤 11시에 시모노세키를 떠나 부산으로 항해하던 관부연락선 위에서 양장을 한 여자 한 명과 중년 신사 한 명이 서로 꺼안고 갑판에서 돌연히 바다에 몸을 던져 자살했는데, 즉시 배를 멈추고 부근을 수색했으나 종적을 찾지 못했다.

　최초의 소프라노 가수로 유명했던 윤심덕과 전라도 부잣집 아들로 신극운동에 참여했던 김우진이 동반 자살했다는 소식은 전국을 떠들썩하게 했다. 잘 알려져 있듯이 우리나라 최초의 소프라노 여자 가수 윤심덕과 희곡 작가 김우진의 자살 사건은 사랑을 통해 자유로운 근대적 개인이 어떻게 탄생하는가를 보여주는 실례이다. 조혼 풍습 때문에 일찍 결혼한 부잣집 도련님인 김우진과 활달하고 미인이었던 가수 윤심덕은 일본 유학을 하면서 서로 사랑에 빠진다. 그러나 이들의 사랑은 현실 속에서 이루어지기 어려웠다. 이들은 '내 배우자는 내가 결정할 수 있어야 한다'라는 생각이 관철되지 않자, 바다에 몸을 던졌다. 서구에서 수입된 낭만적 사랑의 영원성이라는 관념에 '내 삶의 주인은 나'라는 근대 의식이 결합된 이 사건은 죽음을 통해 자신들의 사랑을 보존한 경우였다.

　이처럼 한국에서도 불과 90여 년 전 사랑은 지금과는 사뭇 달랐다. 연애와 사랑은 자연스러운 것이 아니라, 책에서 배우고 현실에서 실천해야 할 숭고한 사상이나 사회 운동 같은 것이었다. 조선의 청춘들은 윤심덕과 김우진처럼 결혼제도에 항거하면서 사랑을 완성해야 했다. 사랑은 당대 구습인 조혼을 거부하고 투쟁하면서 획득해야 할 중요한 가치로 여겨졌기 때문이다. 그때와 비교한다면 지금 우리의 연애에는 이미 자유가 주어졌고, 자율성이 보장된다는 점에서 상당히 진보한 것은 틀림없다. 그럼에도 앞서 내가 비판했던 낭만적 사랑 개념은 삶 안에서 사랑이 제대로 실현되지 못하게 하고, 사랑을 어렵게 만드는 요인으로 작동한다. 낭만적 사랑은 트리스탄과 이졸데, 젊은 베르테르와 샤로테, 김우진과 윤심덕처럼 사랑을 인생의 목적으로 지켜가기를 요구한다. 낭만적 사랑을 사랑의 주요 원리로 삼게 되면 우리의 일상적 삶과 행복은 파괴되고 결국 비극이 될 가능성이 높기 때문이다.

사랑의 역사를 더듬어 보는 일은 과거 사랑의 이야기가 어떤 특징을 가지고 있었는지 가늠하게 하고, 현재 우리의 사랑이 갖는 긍정적인 면과 부정적인 면을 꼼꼼히 따져볼 수 있는 계기를 제공한다. 사랑은 사람들의 삶의 형태를 변화시키면서 역사적으로 변모했다. 지금 생각하면 황당한 측면이 있기는 하지만, 그 시대를 살아갔던 연인들은 지금과는 다른 사랑의 관념 때문에 고뇌했으며, 그것을 기초로 더 좋은 쪽으로 변화해갔다.

사랑과 시간에 대한 우리의 관습은 어떤가? '사랑은 영원하다' 혹은 '사랑은 순간적이다' 같은 관념은 사랑의 가치를 제대로 드러내지 못하게 한다. 특히 사랑의 영원성(불변성)은 현실적 삶에서 떨어져 나가 허황된 공상 속에서만 존재하기 쉽다. "백설 공주와 왕자님은 행복하게 살았습니다"로 끝나는 동화 속에서만 존재하는 사랑이 무슨 의미가 있겠는가?

변화하며 지속하는 것이
바로 사랑

앞서 이 글을 쓰기 전 세 명의 여고생과 인터뷰했는데, 이 소녀들은 연애를 하면서 가장 어려운 점을 '차이'에 대한 태도로 꼽았다. 가치관의 차이, 개성의 차이가 항상 싸움을 유발시키는 요인이었다는 것이다. 가령 갈등이 생겼을 때 '나'는 둘이 만나 문제를 공유하고 화해하려고 하지만, '그(그녀)'는 친구들을 모아 문제를 다각적이고 합리적으로 해결하려고 해서 더 크게 싸웠다고 한다. 서로 갈등을 해결하고 화해하고자 했지만 해결 방법 때문에 크게 싸우고 헤어진 것이다. 이후 소녀들은 성공적인 연애를 위해서는 가치관이 비슷한 사람, 자기와 같은 개성을 지닌 사람을 만나는 것이라는 해결 방법을 내놓았다.

그러나 내가 보기에 이 해법은 한계가 있다. 연애의 대상은 언제나 나와 '다름'이라는 특성을 갖기 때문이다. 설사 자기와 비슷한 사람을 선택한다고 하더라도 사랑을 지속할 때 상대가 완전히 자기와 같아질 수 없다. 사랑은 '차이'를 기본적으로 전제한다. 왜냐하면 자기와 같은 사람은 이 세상에 존재하지 않기 때문이다. 연인이라 할지라도 상대방은 '나와 다름'이라는 타자성他者性을 특징으로 한다. 따라서 소녀들의 해법은 적절하지 않다. 문제는 '다름', '차이'를 어떻게 받아들이는가에 있다. 차이는 갈등요인이 아니라, 세계를 대하는 다른 방식이며, 불편함이 아니라 대화의 가능성이며, 불평등이 아니라 개성의 인정이다. '하나됨'이라는 '융합적 사랑'은 우리의 사랑을 더 어렵게 만들고, 사랑의 문제를 해결해주지 않는다.

낭만적 사랑은 연인들을 '너와 나 단둘이서만'이라는 환상을 추구하게 한다. 이러한 융합적 사랑은 타인에 대하여 폐쇄적이다. '너와 나 단둘이서만'이라는 생각은 이성애적 사랑 형태에서는 자연스러운 일이지만, 결국 사회적 관계를 무시함으로써 둘만의 동굴에 갇히게 된다. 여럿이 같이 다니는 친구 무리 중 한 친구가 연애에 빠져 있을 때, 친구들과의 우정을 소홀히 하는 경우를 자주 보았을 것이다. 자기 연애 고민을 이야기할 때만 친구를 필요로 해서 속상했을 때가 있었다고 인터뷰했던 소녀들은 말했다. 그리고 연애가 끝나면 그동안 자기 생활에서 소홀했던 친구나 가족의 소중함을 절실하게 느끼게 되었다고 한다. 연애를 단둘만의 동굴 속 정원으로 파악해서는 사랑을 제대로 할 수가 없다. 사랑은 유토피아[2]가 아니라, 현실 속에서 이루어지기 때문이다. 우리는 학교에 다니고, 시험을 치고, 내적·외적 성장을 하고, 미래를 준비하는 현실적 존재들이다. 물론 연애를 모두 현실화하고 오픈시킬 수는 없지만, 현실적 삶 속에서 사랑이라는 장미꽃을 피우는 것이 중요하다.

사랑이 좋은 가치라면, 현실 속에서 완성될 필요가 있다. 사랑은 연인을 서로의 주인공으로 만들어준다. 1등만을 요구하는 경쟁 사회는 우리를 루저로 만들지만, 사랑의 관계 안에서 연인들은 서로를 최고로 인식한다. 얼굴이 못생겨도 나한테는 세상에서 제일 멋져 보이고, 가난해도 나에게는 착하고 욕심 없는 사람으로 인식된다. 경쟁 사회가 부정적으로 바라보는 가치를 연인들은 장점으로 재발견하고 존중한다. 사랑이 어려워도 포기할 수 없는 이유가 여기에 있다. 사랑은 나를 이 세상의 주인공으로 만들어주고, 왕과 같은 존재로 만들어주며, 혼자가 아니라 둘이라는 공동체를 형성하면서 행복하게 살아갈 에너지를 준다. 그런 점에서 사랑은 포기할 수 없는 가치가 되었다.

사랑의 철학자 알랭 바디우는 사랑은 둘이 함께하는 무대이며, 지속하고자 하는 강한 욕망이라고 하였다. 사랑은 혼자인 단수가 아니라, 둘이라는 복수複數 단위이며, 공동체를 형성한다.

---

2. Utopia: 이 세상에 존재하지 않는 장소를 말한다.

연인들은 각자의 무대 위에서 홀로 춤을 추는 것이 아니라, 하나의 무대 위에서 함께 춤을 추어야 한다. 그러한 사랑은 영원함이 아니라, 변화를 전제로 하는 지속적 욕망이다. 그러니 사랑의 호르몬이 펑펑 솟을 때는 과도한 감정과 쾌락을 충분히 향유하지만, 상황과 정체성의 변화 위에서 사랑의 형태는 달라질 것이며, 그때마다 사랑은 삶을 품으며 변화해야 하고 지속되어야 한다. 그 변화는 연인들이 함께 만들어나가는 것이다. 그것이 사랑의 재발명이고, 삶의 재발명이다.

> 지점들, 시련들, 시도들, 새로운 사실들의 출현이 존재하며, 매 순간 '둘이 등장하는 무대'를 재연해야 하며, 새로운 선언에 필요한 용어들을 찾아내야만 하는 것입니다. 최초에 선언된 사랑도, 역시 '다시 선언'되어야 할 것입니다.[3]

사랑은 순간적인 것도, 영원한 것도 아니다. 사랑은 혼자가 아니라 "둘이 등장하는 무대" 위에서 함께하는 어렵지만 즐거운 춤추기이다. 사랑이 삶의 터전에서 일군 신비하고 아름다운 정원이라면, 우리는 그 정원을 새롭게 만들어야 한다. 사랑의 호르몬이 솟는 초기 사랑은 "새로운 선언"으로 삶의 단계마다 "다시 선

---

3. 알랭 바디우(조재룡 역), 『사랑예찬』, 길, 2010, 62쪽.

언"되어야 한다. '영원한 사랑'이라는 환상이나 사랑에 빠진 상태
가 아니다. 사랑은 삶 속에서 '하는 것'이고, 연인들의 관계 속에
서 새롭게 재탄생된다. 이것은 사랑의 영원성도 아니고, 순간성
은 더더욱 아니다. 이것은 끈질긴 지속성이다. 다시 물어보자.
"사랑은, 어떻게, 변하니?"

사랑은 혼자 하는 게임이 아니라 엄연히 상대가 있는 관계의 게임이다.

인간의 에로티시즘은 동물적인 생식의 차원을 넘어서

감정과 이성, 스킨십과 성의 문제, 상호적인 소통 등이 포함된

아주 복잡한 문화적 형식이다.

Part 2

참을 수 없는
스킨십의 욕망:
사랑 안의 섹스,
사랑 밖의 섹스

김운하

들어봐, 프로이트는 이렇게 말했지.

"젊은이들에게 섹스에 대해 제대로 알려주지 않고 사회로 내보내는 건

극지 탐험을 나서는 사람들에게 여름옷을 입히고

이탈리아의 호수 지도를 챙겨주는 것과 같다."

- 멜리사 뱅크, 『서툰 서른 살』 중에서.

내 사랑을 찾습니다
I'm Looking For My Love

스킨십,
종족 의지의 발현

　누군가를 사랑하게 되면 마치 쇠붙이가 강력한 자석에 이끌리듯 사랑하는 상대의 육체에 이끌리게 된다. 떨어져 있기보다 함께 있고 싶고, 손을 잡고 싶고, 손을 잡으면 포옹을 하거나 키스를 하고 싶고, 더 나아가 그 사람과 완전한 하나가 되는 경험, 즉 성적인 관계도 맺고 싶어진다. 밀당의 단계를 지나면 필연적으로 스킨십의 단계가 온다. '살과 살의 접촉'인 스킨십에 대한 욕망은 사랑과는 거의 분리 불가능한 것이다. 왜냐하면 사랑이란 로버트 버튼이 『우울의 해부』에서 정의 내린 것처럼 "두 사람이 육체적이고 정신적으로 열렬히 결합하려 하고 그 결합을 지속시키고자 하는 감정"이기 때문이다. 상대와 결합하고, 그 결합을 지속시키고 싶어 심장이 벌렁벌렁한 열망, 그런 열망이 곧 사랑의 욕망이고, 그 욕망은 스킨십에 대한 욕망으로, 더 나아가서 성적인 접촉에 대한 욕망으로 발전하게 마련이다. 따라서 스킨십에 대한 욕망은 사랑의 발전 단계에서 필연적으로 따라오는 자연스러운 한 단계라고 할 수 있다. 그런데 자석과 쇠붙이처럼 서로를 끌어당기려는 그토록 강력한 욕망은 왜 존재하는 것인가? 사랑하는 사람과 정신적으로나 육체적으로 완전하게 합일하고자 하는 그런 욕망이 존재하는 이유나 목적은 무엇일까?

프랑스의 철학자 조르쥬 바타유는 『에로티즘』이란 책에서 인간의 에로티즘을 거의 성스러운 종교적 신비 체험에 비유하고 있다. 그에 따르면 동물에게는 생식밖에 없고 인간에게만 생식을 벗어난 에로티즘이 있다. 인간만이 죽음을 의식한다. 즉 자신이 유한한 존재, 불연속적인 존재임을 안다. 그러나 격렬한 성적인 합일의 순간, 인간은 불연속성의 한계를 초월하여 연속성을 체험한다. 유한한 존재를 넘어 무한한 존재에 이르게 되는 황홀한 순간을 맞는 것이다.

미친 듯한 열광은 사랑하는 사람에게서 얼핏 본 연속감에 기인한다. 사랑에 빠진 사람은 이 세상에 인간적 한계를 무너뜨려 줄 수 있는 사람이 있다면 오직 연인뿐이라고 생각한다. 사랑에 빠진 사람은 그가 사랑하는 사람과의 육체적 결합과 심정적 결합을 이루면 불연속적인 그들의 완전한 융합에 이르고, 그러면 그들이 연속성을 얻을 수

있으리라고 생각하는 것이다.[1]

그러나 바타유의 해석은 말 그대로 하나의 해석일 뿐이다. 광적인 사랑의 열정에 대한 그의 고상하고 철학적인 해석도 그럴싸하지만, 오늘날 과학자들은 또 다른 방식으로 그 욕망을 해석한다.

생물학자 리처드 도킨스는 『이기적 유전자』에서 우리 각자는 유전자를 다음 세대로 실어 나르는 생물학적 번식 기계일 뿐이라고 주장한다. 어떤 매력적이고 낭만적인 미사여구를 갖다 붙이건 간에, 우리가 사랑이라고 부르는 것은 결국 강력하게 프로그램되어 있는 짝짓기 본능을 따라 유전자를 퍼뜨리는 데 봉사하는 행위일 뿐이다. 생물학적인 차원에서 본다면, 리처드 도킨스의 주장이 맞다. 자연은 종족보존이라는 성스러운 사명을 위해 인간에게 정말로 거부하기 힘든 욕망과 쾌락을 심어 놓았다.

만일 자연이 교묘하게도 우리의 육체 속에 그토록 찌릿찌릿한 '쾌락'을 심어 놓지 않았더라면, 과연 누가 그 복잡하고 귀찮은 감정의 소모전에 시간과 돈과 에너지를 쏟아부으려 할 것인가? 누가 로미오와 줄리엣처럼 죽음을 무릅쓰고서라도 상대와 결합하고자 할 것인가? 로버트 버튼이 『우울의 해부』에서 전하는 인

---

1. 조르쥬 바타유(조한경 역), 『에로티즘』, 민음사, 1996, 20쪽.

간 사랑의 실상만 보아도 그렇다. 사랑의 광기가 빚어내는 비극은 동서고금을 통해 끝이 날 줄을 모른다.

이 사랑이 한 번 분노하였다 하면 그것은 이제 사랑이 아니다. 그것은 불타는 욕정이요, 열병이요, 미친 짓이요, 지옥이다. 그것은 또한 죽음이요, 약이 없는 병이요, 광란이다. 그것은 조용함이나 평온함과는 관계없는 마음속에서 일어나는 거대한 폭풍우다. 그것은 한마디로 한 마리의 괴물이다. 그것은 때로는 남자답게 용감하고, 여자처럼 수줍어하며, 멧돼지처럼 무모하고, 쓰면서도 달콤하고, 부드러우며 강하다. 사랑은 왕국을 무너뜨리고, 도시를 무너뜨리고, 마을을 무너뜨리고, 가정을 무너뜨린다. 사랑은 사람을 망가뜨리고, 타락시키고, 수많은 사람들을 죽음으로 몰아넣기도 한다. 천둥과 번개도, 전쟁도, 화재도, 전염병도 이 불타는 정욕, 이 짐승의 열정인 사랑만큼 우리 인간을 골탕 먹이지는 못하였다. 멸망한 소돔과 고모라, 그리고 트로이를 위시하여 일일이 열거할 수도 없이 많은 도시들이 이를 증명하고 있다.

그런데 이런 무시무시한 열병과도 같은 사랑의 광기 배후에 있는 것은 무엇인가? 이 참을 수 없는 '합일'에 대한 갈망, 스킨십에 대한 욕망, 그 욕망을 조종하는 진짜 조종사는 우리가 '나'라고 부르는 그 의식적인 자아가 아니다. 즉 우리의 생각이 그런 욕망을 빚어내는 것이 아니다. 진짜 조종사는 유전 속에 각인된 종족 보존 본능이다. 철학자 쇼펜하우어는 그것을 '종족 의지'라고 불렀다. 쇼펜하우어에게 사랑이란 호모 사피엔스라는 종이 종족을 보존하기 위해 우리에게 심어 놓은 일종의 환상 같은 것이다.

나는 쇼펜하우어가 『쇼펜하우어 인생론』이라는 책에서 쓴 이런 문장을 읽을 때마다 한바탕 크게 웃지 않고는 그 페이지를 그냥 넘길 수가 없다.

젊은 두 남녀가 처음으로 선을 볼 때 무의식적이지만 긴장된 마음으로 상대를 관찰하는 태도를 보라. 날카로운 눈초리로 상대의 윤곽과 각 부분을 얼마나 정밀하게 샅샅이 살피는가? 인간의 행위치고 이렇듯 신비롭고 진지한 것은 없다. 이 정밀한 관찰은 그들 사이에 앞으로 태어날 자식의 체격과 체질에 관련하여 종족의 영혼이 행하는 것이며… 종족의 영혼은 다음 세대의 인류에 대해 배려를 게을리하지 않으면서 그 세대에 넘겨 줄 소질에 대해 몰두하고 있다. **현재와 미래의 종족 전체의 막대한 이해관계에 비하면, 잠시 생존을 지속하는 개인의 이해는 문제될 수 없으며 사실 언제나 희생물이 되는 것이다.** 종족의 영혼과 개체와의 관계는 불멸의 존재와 사멸하는 자와 같으며, 또 그 이해관계는 무한과 유한이라는 큰 차이가 있다. 그러므로 종족의 영혼은 개체의 이익에 관계되는 일보다 월등히 중요한 일을 처리한다고 자부하며, 전쟁의 불바다 속에서건, 분주하게 사무를 집행하는 중이건, 페스트가 창궐하는 중이건, 또는 한적한 절간 속이건 아랑곳하지 않고 태연히 자기 일을 수행한다.[2]

종의 이해와 개체의 이해는 다르다. 열렬한 사랑이니, 낭만적이거나 광적인 사랑이니 하는 것 속에서 우리 몰래 진정으로 관철되고 있는 것은 우리 자아의 착각과는 달리 종의 이익이다. 맹목적인 종의 의지는 개체의 사랑이라는 도구를 빌려 자신의 의지를 실현한다. 이 얼마나 교묘하기 짝이 없는 작업인가! 종의 이해에 비하면 잠시 생존을 지속할 뿐인 개인의 이해는 전혀 중요한 것이 아니다. 개체들은 사실 종의 의지의 가련한 희생자에 불과하다. 한마디로 우리는 종의 이익을 위해 우리의 목숨까지 헌납할 각오가 되어 있는 것이다. 마치 종족 번식을 위해 목숨을 바치는 수컷 사마귀처럼(수컷 사마귀도 자기 자신은 열렬한 사랑에 빠져있다고 생각할지 우리가 어떻게 알겠는가?) 우리가 '개인의 자아' 차원에서 사랑이라고 부르는 것을 종의 의지 혹은 생물학적 유전자는 '짝짓기 본능'이라고 부를 것이다. 스킨십에 대한 인간의 갈망 배후에는 참을 수 없도록 우리를 강제하는 종족 의지, 짝짓기 본능이 작동하고 있다. 고상하고 낭만적인 사랑의 근원이 고작 짝짓기 본능

2. 쇼펜하우어(최현 역), 『쇼펜하우어 인생론』, 범우사, 1994, 108쪽.

일 뿐이라고 해서 슬퍼하거나 실망하거나 또는 불쾌해할 필요는 전혀 없다. 식욕과 수면욕이 그 자체로 불쾌하지 않은 것처럼 스킨십에 대한 갈망이나 성적인 본능도 그저 본능일 뿐 그 자체로는 좋고 싫거나 선도 악도 아니기 때문이다.

그러나 인간의 사랑은 다른 동물과는 달리 단순한 성욕, 즉 생식 본능으로 완전히 환원할 수 없는 그 무엇이 존재한다. 왜냐하면 인간에게 섹스 문제는 생식의 차원을 넘어선 도덕이나 유희와 같은 복잡 미묘한 문제들과 연루되어 있기 때문이다. 신부님이나 스님들처럼 섹스를 평생 의식적으로 거부하며 살아가는 사람들도 있지 않는가! 신성한(?) 유전자의 명령을 거부하고 섹스 없이도 헌신적이고 열렬한 사랑이 가능하다고, 즉 순수한 정신적인 사랑, 플라토닉 러브도 가능하다고 믿는 것이 바로 이 희한한 동물, 인간이 아닌가?

인간의 섹스는 '사랑 안에만' 존재하는 것이 아니다. '사랑 밖'에서도 섹스가 매우 다양한 형태로 존재한다. 인간의 사랑을 논하는 자리에서 이 복잡 미묘한 섹스 이야기를 배제하는 것이 그토록 어렵고 거의 불가능한 까닭이 거기에 있다.

보노보처럼 살지 못하는
보노보 같은 인간

가끔 이런 엉뚱한 생각을 해보곤 한다. 만일 인간에게 다른 동물들처럼 '발정기'라든가 '부화기'라는 특정한 생식 기간이 유전적으로 결정되어 있다면 어땠을까? 다시 말해 '생식적인 섹스'만 하도록 결정되어 있었다면 어떨까?

그러면 생식 기간에는 짝짓기를 둘러싼 경쟁이 치열하겠지만 그 외의 기간에는 사랑이나 섹스를 둘러싼 갈등이 전혀 일어나지 않을 것이다. 그러면 인간 사회는 지금보다 훨씬 더 평화로울 것이다. 강간이나 치정 살인, 불륜은 물론이고 『일리아드』 서사시에서 나오는 것처럼 사랑 때문에 벌어지는 참혹한 전쟁 따위도 없었을 텐데. 혹은 미국 중서부의 대초원에 사는 들쥐처럼 유전적으로 일부일처제에 완전히 만족하고 평생 정절을 지키도록 프로그램 되어 있었더라도 좋았을 것이다. 그랬더라면 도덕이나 법의 강제 때문이 아니라 자연법칙처럼 진심으로 첫사랑이 유일하고 절대적인 사랑이 되어 검은 머리 파뿌리 될 때까지 달달하고 뜨겁게 사랑하며 살아갈 수 있을 텐데(물론 정말로 이렇다면 예술은 그날로 사망 선고를 받겠지만). 그러나 불행인지 다행인지 몰라도, 인간은 수시로 섹스 파트너를 바꾸는 선천적인 바람둥이인 목초지 들쥐에 더 가까운 것 같다.

자연계를 관찰해 볼 때 짝짓기 본성 차원에서 인간은 사실 난교를 즐기는 보노보를 가장 많이 닮았다고 할 수도 있을 것이다. 인간처럼 보노보도 생식과 섹스를 완전히 분리시킨, 즉 '생식적 섹스'라는 단순한 단계를 넘어선 드문 동물이다. 쉽게 말해 그들 역시 인간 종처럼 '사랑 밖의 섹스' 기술을 아주 다양하게 발전시킨 동물이다.

나는 차라리 인간이 모든 갈등을 평화롭게 섹스로 해결하는 자유 섹스 민주주의 사회를 영위하는 보노보로 진화하지 못한 것이 진실로 깊은 유감이라고 말하고 싶은 심정이다. 보노보들에게 섹스는 종족 보존을 위한 생식 기능에만 국한되어 있지 않다. 생식일 뿐 아니라 순수한 성적인 쾌락을 교환하는 쾌락적인 유희이고 서로 다른 두 개체가 몸으로 하는 즐거운 '놀이'이며 또 무엇보다 갈등을 해소하는 의사소통의 수단이기도 하다. 물론 사람도 마찬가지다. 섹스를 하는 이유가 꼭 '사랑' 때문만은 아니다. 단지 성적 쾌락을 늘리기 위해 많은 섹스 파트너를 찾기도 하고, 애인한테 명품 백을 얻어내기 위해 섹스에 응하기도 하고, 결혼을 강제하기 위해 섹스에 응하거나 부부 싸움을 한 후에 화해의 차원에서 섹스를 하기도 한다.

더 놀라운 사실은 보노보들은 개체나 무리 간에 갈등이 생길 땐 인간처럼 싸움박질을 하거나 전쟁을 하지 않고 스킨십 즉 섹스를 한다는 것이다. 그들은 일부일처제나 사유재산제, 횡포한 자유주의와 개인주의라는 사회적 규칙도 없다. 그들은 자유롭고, 평화적이고, 아무도 사랑과 섹스 문제로 고민하지 않는다. 진정, 신의 축복을 받은 동물이다.

보노보 종족에 비하면, 우리 인간 종족은 참으로 가련하기까지 하다. 동정받을 가치밖에 없는 동물 같다. 본성은 보노보인데, 억지스럽고 인위적인 사회 규칙을 온몸에 치렁치렁 휘감고 있다. 그러나 욕망은 그런 규칙과 끊임없이 투쟁하며 일탈과 위반의 위험천만한 게임을 벌인다. 그러니 허구한 날 전쟁이나 해대는 인간 사회를 보면 보노보들이 이렇게 외치며 비웃을지도 모른다. "인간들이여, 전쟁 대신 섹스나 하라!"

또한 본성적으로는 보노보를 닮은 인간 종족은 대부분의 문화권에서 합법적인 섹스와 비합법적인 섹스를 명확하게 구분해 놓고는 법과 도덕, 종교의 이름으로 자유로운 섹스를 '금기'로 묶어 놓고 있지 않은가? '불륜'이라는 단어 자체가 음침함, 죄의식을 불러일으키는 불길함을 내포하고 있지 않은가? 순결이나 정절이라는 단어가 갖는 무거움은 또 어떻고?

사실 인간 사회의 역사와 현실을 들여다보면 보노보를 닮은 이 인간이란 정말로 기묘한 동물이다. 한편으론 '낭만적 사랑'이란 깃발 아래 두 사람만의 깊고 지속적인 감정의 결합과 유대를 원하면서도 다른 한편으로는 카사노바나 돈주앙이 되고 싶은, 다양한 성적인 쾌락과 일탈을 욕망하는 동물이라니.

감정적 합일의 욕망과 성적인 욕망 사이의 딜레마, 나는 이것이야말로 인간의 근본적인 딜레마라고 생각한다. 인간이라는 생물이 안고 있는 이런 모순과 역설 때문에 어떤 사회제도와 규칙 아래서도 섹스를 둘러싼 온갖 추문, 갈등, 고뇌가 터져 나온다. 『일리아드』를 보라. 유부녀인 헬레네는 트로이의 왕자이자 젊은 꽃미남 파리스와 눈이 맞아 파리스와 함께 트로이로 도망치고, 그 때문에 그리스 연합군과 트로이 간에 장장 십여 년에 걸친 피비린내 나는 전쟁이 벌어지지 않는가?

『성경』을 뒤져 보라. 유대인들이 위대한 왕으로 떠받들고 있는 전설 속의 왕, 다윗 왕 편을 보라. 그는 자신의 충실한 부하 장군 우리야의 아내가 옥상에서 벌거벗고 목욕하는 장면을 보고 성욕에 눈이 뒤집어져 그녀를 궁으로 불러들여 자기 여자로 만들고 만다. 한 걸음 더 나아가 계략을 써서 아예 우리야를 전쟁터에서 죽게 만들어 버린다. 다윗의 장남 암논은 배다른 누이 다말에 눈독을 들이다 병을 핑계 대어 겁탈해버린다. 그러다 결국 다말의 오빠인 압살롬의 칼침을 맞고 사망한다.

톨스토이의 위대한 소설 『안나 카레니나』는 또 어떤가? 젊은 유부녀 안나는 우연히 기차간에서 잘생긴 청년 장교 브론스키와 눈이 맞아 사랑에 빠지는 바람에 남편에게 버림받는다. 그러나 나중엔 그를 위해 모든 걸 바쳤던 브론스키마저 마음이 냉담해져 버리자 절망한 끝에 달려오는 기차에 몸을 던지지 않는가? 플로베르가 "보바리 부인, 그녀가 바로 나다!"라고 외쳤던 걸작 『보바리 부인』 이야기는 또 어떤가? 문학적 외피를 벗겨내 버리고 속살만 보면 결국 옛날 〈선데이 서울〉 같은 잡지에 나오는 통속적인 불륜 이야기가 아닌가?

이렇게 쓰고 보니 인간사 참, 대략 난감이다. 그래서 가끔은 인간 만사 모든 드라마라는 것이 결국 짝짓기 문제로 귀결되는 것이고, 돈과 권력, 명예를 둘러싼 치열한 투쟁도 마치 구애 작업 이외에는 도무지 아무짝에도 쓸모없는 것이라는 수컷 공작의 화려한 꼬리처럼, 그 모든 것들이 짝짓기에 더 유리한 위치를 차지하기 위한 작업에 불과하다고 시니컬하게 말하는 일부 진화심리학자들의 의견에 진심으로 동의하고 싶어진다.

사실 포유류 동물들 가운데 정절을 지키며 일부일처제를 유지하는 동물은 고작 3퍼센트 정도에 불과하다고 한다. 심지어 정절의 상징으로 추앙되었던 원앙새들조차도 알고 보니 완전 바람둥이라는 사실이 밝혀졌다. 대부분의 동물들은 보노보처럼 난교를 벌이지는 않더라도 특정 상대하고만 평생 정절을 지키며 살기보다는, 번식기 때마다 상대를 바꾸면서 종의 다양성을 꾀하는 방향으로 진화되어 왔다.

오늘날 많은 문화권에서 일부일처제를 실행하고 있지만 인류학자들의 연구에 따르면 일부일처제를 법적으로 채택한 문화는 인류 전체의 5분의 1에 지나지 않는다고 한다. 인간에게 일부일처제라는 제도는, 생물학적인 차원에서 볼 때는 마치 몸에 맞지 않는 이상한 옷을 걸치고서 어쩔 줄 몰라 하는 것과 다름없다.

이와 관련하여 한 독일의 철학자는 『불륜예찬』이라는 도발적인 제목의 책에서 이렇게 쓰고 있다.

인간의 본성은 일부일처제에 맞지 않는다. 그렇다고 일부일처제가 무의미하다는 말은 결코 아니다. 자연의 본성에서 반드시 윤리적, 법적 규칙이 나오는 것은 아니기 때문이다. 자연 속에서는 수없이 많은 폭력과 살상이 일어나지만 우리는 절대로 이런 현상을 옳다고 말하지는 않는다. 인간의 수많은 계율은 보다 인간적인 사회를 위해 의도적으로 일정한 자연의 힘을 억제하는 데 맞춰져 있다. 그렇다면 이 모든 계율은 지키지 않으면 아무 쓸모가 없다. 계절의 주기에 따른 성적 충동이나 부화기가 따로 없는 인간이 지속적으로 일부일처제의 생활을 유지한다는 것은 의문이다. 따라서 일부일처제라는 제도는 부분적으로는 물에 글씨를 쓰려는 시도만큼이나 어려운 일이다. 인간에게 파트너를 바꾸고 싶어 하는 경향이 있는 것은 분명하다.[3]

진정 인간의 딜레마는 자연적 본성과 사회제도 간의 모순, 여기에 있다. 보노보이면서 보노보처럼 살지 못하는 보노보, 그게 우리 인간이란 기묘한 동물이다.

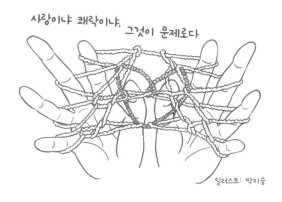

사랑이냐 쾌락이냐, 그것이 문제로다

일러스트: 박지승

---

3. 프란츠 요제프 베츠(송명희 역), 『불륜예찬』, 율리시즈, 2011, 145쪽.

영원한 딜레마,
몸 따로 마음 따로

인간의 삶이 다른 동물과 달리 복잡하고 더 심란한 것은 인간이 보노보이면서 보노보처럼 살지 못하는 그런 보노보이기 때문만은 아니다. 인간은 보노보에서 한 걸음 더 나아가 '의식'까지 가진 것이 더 큰 문제다. 인간은 자신의 생물학적 본성을 예리하게 '의식'하고 그것을 사회적인 방식으로 다양하게 '응용'할 수 있는 유일한 동물이다.

이러한 응용 능력은 두 가지 차원에서 문제가 된다. 첫 번째는 몸 따로 마음 따로의 원리를 응용하는 것이다. 본성상 영혼과 육체가 의식과 느낌 속에서 분리되어 있는 까닭에 발생하는 여러 가지 문제들이다. 데이트 폭력 문제를 비롯하여 자연적 본성과 사회 간의 갈등이 다양하게 나타난다. 두 번째는 현대사회, 특히 자본주의 사회에서 두드러지게 나타나는 현상으로 사랑과 섹스를 통한 차별화 원리의 적용 문제가 있다.

현대사회에서는 사랑과 섹스에 관해 매우 다양하고 복잡한 새로운 윤리들이 등장했다. 1960년대부터 유럽과 미국 등 서구 사회에서 일어나기 시작한 '성해방' 운동은 영혼과 육체의 분리라는 인간의 자연적 본성을 사회와 조화시키는 방향으로 바꾸어 온 것이다. 그런 경향은 이제 한국 사회에서도 거의 보편적인 흐름이 되고 있다. 2015년 한국에서 국가가 개인들 간의 사적인 성 문제까지 간섭한다고 비난의 대상이 되었던 간통죄 폐지가 이루어진 것도 그런 흐름의 일환일 것이다. 물론 불륜의 사랑에 빠졌다가 손해배상 청구 소송에 휘말릴 수도 있겠지만, 과거처럼 간통죄라는 이름으로 범법자가 될 일은 없어진 것이다.

한마디로 오늘날의 성 풍속은 진지한 사랑과 가벼운 연애, 심지어 즉흥적인 하룻밤 섹스인 '원 나잇 스탠드' 등 개인들의 다양한 '성적 쾌락의 향유권'이 인정되고 있는 추세이다. 자유롭고 자발적인 성적 쾌락의 향유권을 누리는 데는 남녀 간 차별이 있을 수 없다.

이러한 성 관습의 변화 밑바탕에 있는 성에 관한 인간의 진실은 바로 '몸 따로 마음 따로', 즉 육체와 영혼의 분열과 그 분열에 대한 예민한 의식이다. 또 이 분열은 인간의 가장 큰 딜레마이기도 하다. 예를 들어 마음은 사랑하는데 몸은 전혀 성적인 매력이나 만족을 얻지 못해 결국 마음까지 멀어져버린다. 반대로 몸은 반응하는데 마음은 따라가지 않기도 한다. 누군가를 전혀 사랑하지 않고서도 그 사람과 뜨거운 쾌락의 밤을 보낼 수도 있다. 물론 마음이 가면 몸은 절로 따라간다. 때로는 처음엔 마음은 별로이고 몸만 갔다가 자주 몸이 소통하다 보니 마음도 덩달아 좋아지기도 한다.

이런 식으로 몸과 마음이 우리 자아 속에서 따로 노는 것같이 느끼는 것, 그리고 실제로 삶에서 그것이 드러나는 것, 나는 이것을 '실존적 심신이원론'이라고 부른다. 실존적 심신이원론은 철학적 심신이원론과는 전혀 다르다. 실존적 심신이원론은 철학적인 관점에서는 일원론을 견지한다. 즉 생물학적으로 몸과 마음은 하나라고 보는 것이다. 마음이란 뇌의 작용에 불과하며 특정 마음 상태에는 반드시 거기에 조응하는 몸-뇌의 전기생리적인 상태가 존재한다고 보는 관점이다. 뇌가 없다면 마음도 없다.

철학적인 이원론은 전혀 다르다. 그것은 뇌와 마음의 작용 사이에는 아무런 인과관계가 없다고 본다. 영혼은 육체가 죽어도 불멸한다. 이것이 바로 철학적인 이원론이다. 대표적인 이원론자인 철학자 데카르트에 따르면, 육체는 일종의 시계처럼 기계적인 자연법칙에 따라 움직이지만 영혼만은 기계적인 육체와 무관한 독립적인 실체이며 그것은 육체가 죽고 난 후에도 독자적으로 살아남는다고 본다. 사실 이런 이원론은 인간의 느낌과 일치한다. 철학적 이원론이 생긴 경험적 배경도 거기에 있다. 육체의 움직임과 마음의 움직임이 마치 느슨하게 연결된 서로 다른 두 개의 독립적인 톱니바퀴처럼 느껴질 때가 얼마나 많은가? 철학적인 이원론은 생물학이나 뇌과학이 발달하기 이전, 뇌를 직접 들여다보고 자기공명상 장치로 실시간으로 뇌와 마음의 흐름을 찍어내기 이전, 우리의 느낌과 상상 속에서 몸과 마음이 분리되어 있는 듯한 느낌을 철학적으로 개념화시킨 것에 불과하다.

어쨌거나 중요한 건 실제 생활에서 우리의 느낌과 생각, 그리고 '나'라는 실존의 행위 양식이다. 피와 눈물과 땀과 정액 덩어리인 우리의 실존은 삶 속에서 몸과 마음이 따로 분리되어 있다고 느낀다. 남자들이라면 너무나 쉽게 이 말을 이해할 것이다. 아침에 자고 일어나서 나의 의지와 무관하게 '거시기'가 하늘 높이 텐트를 치고 있는 걸 볼 때, 한편으론 남성성에 대한 자부심과 다른 한편으론 민망함을 느끼면서 웃음을 짓곤 하지 않는가?

일찍이 16세기에 미셸 드 몽테뉴가 『수상록』에서 스스로 고백했다시피, 시도 때도 없이 불뚝거리지만 정작 필요할 땐 나 몰라라 하며 꼼짝도 하지 않는 거시기 때문에 얼마나 많은 남자들이 미칠 듯이 곤란한 상황에 처하곤 하는가? 얼굴도 나오지 않는 섹시한 엉덩이 사진만 보아도 동공이 확대되고 몸 깊숙한 어딘가가 제멋대로 움찔거리는 걸 느끼지 않는가?

다시 말해 인간 남자들은 사랑과는 무관하게 성적으로 쉽게 흥분한다. 흥분할 뿐 아니라, 황홀한 성적인 쾌락을 만끽하기도 한다. "남자들은 섹스를 위해 사랑을 한다"라는 농담이 있다. 솔직히 뼈가 아주 많은 농담이다. 그럼 "여자들은 사랑을 위해 섹스를 한다"라는 농담은? 그건 반만 농담이다. 여성에 관한 이 농담은 마치 여성들은 결코 몸 따로 마음 따로 가지 않고 오직 사랑할 때만 섹스 한다는 말처럼 들린다. 실제 현실에서 그런 경향은 분명 존재하지만, 내 생각에 그것은 '생물학적 차이'보다는 '문화적 차이' 때문이다. 수천 년간 지속되어온 가부장제 문화 속에서 남자들은 상대적으로 성적인 자유를 누려왔고, 반대로 여성들은 성적인 억압을 당하는 가운데 순결이니, 정절이니, 순정한 사랑이니 하는 말로 너무 많이 세뇌되어온 탓이 아닐까?

『포르노 이슈』라는 책에 실린 논문 「여자도 포르노를 할 수 있을까?」라는 제목의 글에서 저자 이은정은 남자는 포르노를 즐겨 보지만 여자는 포르노를 생래적으로 거부한다는 상식적 믿음에 대해 이렇게 반문한다.

정말 여자의 사랑은 그 타고난 습성에서 포르노를 외면하는 것일까? 여자의 포르노는 함께할 수 없는 것일까? 여자의 사랑이 단지 낭만적인 것만은 아니라면, 또한 성적이기도 한다면, 그럼에도 여자의 사랑은 남자의 사랑보다 덜 성적이라고 말해야 할까? … 그보다는 오히려 여자한테 딸린 '성적 쾌락의 향유권'을 인정하지 않는 우리 사회가 여자의 성을 은폐하였을 뿐 아니라, 여자를 그러한 쾌락에서 결국 멀어지게 하지는 않았는가? 중, 고등학생이라는 이른 나이에 벌써 여러 외설물을 통해 그러한 쾌락을 접하고, 그러한 쾌락을 남자의 세계에서 통용되는 일상처럼 아무렇지도 않게 받아들이게 되는 대부분 남자와 달리, 우리 사회는 아직도 여자한테 정숙이나 순결을 요구한다. 그렇지 않을 때, '밝히는 여자'라는 오명을 뒤집어씀과 함께 '헤픈 여자 = 질 나쁜 여자'라는 꼬리표가 어김없이 따라붙는다. 이러한 사회적 시선과 질타로부터 여자는 자신의 성적 욕망을 감추고 부정함으로써 자신을 지킬 수 있었다.[4]

실제로 『카트린 M의 성생활』이라는 자전적 수기를 쓴 프랑스의 저명한 미술 평론가이자 지식인인 카트린 밀레의 성적 모험담은 여성 또한 남성 못지않은 성적 쾌락의 향유 능력과 개방성을 보일 수 있음을 실제로 증거하고 있다. 그녀는 문장으로 된 포르노물을 방불케 하는 이 책에서 노골적이고 적나라한 성생활을 스스럼없이 고백하고 있다. 그녀는 열여덟 살에 첫 경험을 한 후부터 바로 집단 섹스 파티에도 참가하는 등 이 책을 쓴 오십 대에 이르기까지 상상할 수 있는 온갖 성적 모험담을 통과해 왔다. 그녀는 이름조차 기억할 수 없는 무수히 많은 남자들과 마치 '숨을 쉬듯이' 끊임없이 섹스를 즐겼다고 한다.

---

4. 몸문화연구소 편, 『포르노 이슈』, 그린비, 2013, 187쪽.

내가 맺은 관계들은 대부분 우정의 성격이 지배적인 관계였다. 우정은 당연히 성관계로 이어질 수 있었고 그것은 나를 불편하게 만들었다기보다는 오히려 나에게 자신감을 주었다. 나는 내 인격 전체에 대해 인정을 받고 싶어 했다. 그 관계에서 내가 육감의 즉각적인 만족을 얻느냐 얻지 못하느냐는 부차적인 문제였다.[5]

카트린 밀레는 사랑 안의 섹스뿐 아니라 사랑 밖의 섹스, 즉 우정의 섹스, 순수한 성적인 쾌락을 위한 섹스 등등 영혼과 육체가 분리된 인간이 성적인 관계에서 상상할 수 있는 모든 형태의 성적인 관계와 쾌락을 육체적으로 '응용'할 수 있었다.

물론 모든 남녀들이 카트린 밀레처럼 완벽하게 영혼과 육체를 분리시켜 다양한 육체적인 쾌락을 실험하고 즐길 수 있는 것은 아니다. 예를 들어 밀란 쿤데라의 소설 『참을 수 없는 존재의 가벼움』의 여자 주인공 테레사의 경우가 그렇다. 그녀의 남편 토마시는 영혼으로는 테레사를 사랑하면서도 끊임없이 바람을 피운다. 테레사는 그런 토마시를 절대로 이해하지 못한다. 어떻게 영혼으로 사랑하지 않는 대상과 섹스를 즐길 수 있단 말인가! 질투와 번민으로 괴로워하던 테레사는 복수심과 호기심 때문에 마음으로는 조금도 사랑을 느끼지 못하는 한 남자의 아파트를 찾아

5. 카트린 밀레(이세욱 역), 『카트린 M의 성생활』, 열린책들, 2001, 271쪽.

가 섹스를 하고 만다. 그러나 뜻하지 않게 그 낯선 남자와의 섹스에서 자신의 육체가 쾌락을 느끼자 당황하며 저항하지만, 그럴수록 "억압당한 회열은 분출할 어떠한 출구도 찾지 못한 채 그녀의 온몸에 오랫동안 흘러 퍼졌다." 테레사의 영혼은 자신이 허용하지 않은 육체의 쾌락을 억압하려 하지만, 억압당할수록 육체는 더욱더 강렬하게 자신의 권리를 주장하고 나선 것이었다. 그런 식으로 테레사는 그녀의 "가장 깊숙한 곳에 은폐된 육체의 심연까지" 내려가 버렸던 것이다.

프랑스 소설가 미셸 우엘벡의 소설들에서도 영혼과 육체의 딜레마는 강렬한 형태로 표현된다. 『어느 섬의 가능성』이라는 소설의 남자 주인공이 보여주는 에피소드들이 그렇다. 남자는 영혼을 다해 진심으로 아내를 사랑하지만 어느 순간부터 아내에게 더 이상 성욕을 느끼지 못하게 된다. 둘 다 괴로워하지만 결론은 이혼. 나중에 남자는 젊고 섹시한 어느 젊은 아가씨에게 반한다. 그는 아가씨한테 사랑을 갈구한다. 그런데 이번엔 그 젊은 아가씨가 문제다. 젊은 아가씨는 그와 섹스를 하지만 나이 든 남자인 그를 사랑하거나 원하지 않는다. 아니, 무엇보다 그녀는 너무 젊기 때문에 깔끔하게 섹스의 쾌락과 유희를 즐기는 데만 몰두할 뿐 사랑 같은 끈적거리고 사람 피곤하게 만드는 감정의 소모전은 노 땡큐다. 주렁주렁 달린 바나나 송이처럼 수컷 거시기들이 널렸는데 왜 피곤하게 밀당이니 뭐니 하며 에너지를 허비하냐고

한다. 이러니 주인공 남자는 죽을 맛이다. 사랑하는 여자와는 섹스가 안 되고, 섹스가 되는 여자는 사랑을 주지 않고. 세상에, 뭐이런 지랄 같은 딜레마가 다 있다니! 우엘벡 소설 속 남자들의 행동은 사랑과 섹스를 둘러싼 근원적인 역설을 고스란히 보여준다. 한편으론 둘만의 깊은 감정적인 결합을 원하면서 다른 한편으로는 한계 없는 섹스의 쾌락을 욕망하는 동물의 딜레마.

인간 사회에서 사랑과 섹스를 둘러싼 온갖 비극적인 사건 사고들이 그치지 않는 이유도 여기에 있다. 생식과 섹스의 분리, 사랑과 섹스의 분열, 쾌락적인 본성과 그것을 억누르거나 한계를 지우는 일부일처제 같은 사회제도나 도덕률 간의 괴리가 인간의 에로티시즘을 온갖 역설과 아이러니로 점철되도록 만드는 것이다. 그래서 인간 사회에서는 끊임없이 섹스 스캔들이 터진다. 강간 같은 성폭력이나 요즘 크게 사회문제가 되고 있는 스토킹, 그리고 잔혹한 데이트 폭력도 근원적으로는 그런 분열과 딜레마 때문에 발생하는 것이다.

이런 사정 탓인지 인간의 에로티시즘에 내재된 딜레마에 대처하기 위해 새로운 관계 문화들이 실험되거나 시행되어 왔다. 예를 들면 상호 간 합의 아래 진지하고 무거운 사랑과 가볍고 유희적인 연애를 구분하며 관계를 맺거나, 간통죄의 폐지, 손쉬운 이혼 등이 그런 형식들이다. 심지어 최근에는 다자연애 관계에 대한 실험들도 행해지고 있다. 다자연애, 폴리아모리polyamory란 두 사람 이상을 동시에 사랑하는 관계의 형태를 일컫는 말로 종종 집단혼 형태로 가족관계를 형성하기도 한다. 이런 다자연애 관계는 지금까지 상식처럼 인정되던 배타적 독점 관계에서 드러나는 질투심, 그로 인한 데이트 폭력이나 성적 불만족 같은 문제들을 해결할 수 있는 하나의 대안으로 시도되어 왔다. 무엇보다 다자연애는 성적인 관계만이 아니라 감정적으로도 파트너와 관계를 유지한다는 점에서 단지 성적으로 자유분방한 것과도 구분된다.

미시건대학 심리학과 교수인 테리 콘리는 일부일처제를 유지하는 1,700명과 열린 관계open relationship를 맺고 있는 사람 170명, 다자연애주의자 300명을 대상으로 연구 조사해 분석한 바 있다. 그 연구에 따르면 다자연애가 종종 전통적인 일부일처제보다 더 잘 기능functional할 수도 있다고 한다. 또한 열린 관계를 맺고 있는 사람들이 일부일처제인 사람들보다 성적 만족도가 더 낮은 경향을 보이는 반면, 다자연애 관계를 맺고 있는 사람들은 일부일처제 관계에 있는 사람들과 비슷하거나 더 높은 성적 만족도를 보였다. 일부일처제 관계보다 질투심도 적고 파트너를 더 잘 믿는 경향도 있다고 한다. 그리고 이들 다자연애주의자들은 상대적으로 진보적이고 더 잘 교육받았을 확률도 높은 것으로 나타났다(〈아시아 투데이〉 2014년 8월 14일 자 기사 참조).

그러나 열린 관계를 지향하는 다자연애 관계는 아직은 극소수 개인들 사이에 나타나는 실험적인 연애 형태일 뿐이다. 또 아직은 그런 실험들이 사회적으로 얼마나 반향을 일으킬 수 있을지는 미지수다. 인간 본성 속에 깊이 뿌리내린 감정적 유대에 대한 갈망이나 집착, 질투로 인한 갈등 등에 관한 완전한 해결책이 될 수 있을지도 의문이다. 다만 이런 실험들은 인간 종의 에로티시즘에 내재된 모순과 딜레마를 직시하고 해결책을 모색하는 다양한 고민들 가운데 하나로 볼 수 있고, 성과 사랑에 관한 다양한 시선과 관점을 제공해 주는 데 의미가 있다.

소유론적 사랑이 아닌 존재론적 사랑을 향해

분명한 것은 배타적 관계이건 열린 관계이건 간에 연애나 사랑의 본질은 '관계의 상호성'이라는 점이다. 남자든 여자든 인간에게는 자신의 삶에 관한 '자기결정권'이 있다. 거기엔 물론 연애나 성 문제에 관한 자기결정권도 포함된다. 따라서 자발적인 자기결정권에 따른 상호적인 관계에서는 무엇보다 서로의 독립적인 인격권에 대한 **상호 존중과 배려**가 필수적이다. 특히 최근 한국에서 큰 사회문제가 되고 있는 '데이트 폭력'은 대개 자기결정권을 무시한, '사랑을 빙자한' 일방적인 폭력인 경우가 많다. 사랑의 이름으로 상대의 인격적 독립성을 부정하며 폭력을 휘두르는 것이다. 즉 데이트 폭력은 사랑의 핵심인 상호성과 자기결정권을 배제한다는 점에서, 사랑이란 이름으로 오해된 소유욕과 집착의 광기일 뿐이다. 위험하고 병적이며 이기적인 감정의 광란이며, 상대를 독점적으로 소유하고 지배하려는 소유론적 사랑의 병폐일 뿐이다.

사실 오늘날 흔히 말하는 사랑이란 결국 타인에 대한 깊은 감정적인 애착이나 집착 같은 것이다. 그것은 상대의 영혼과 육체 전부와 완전하게 합일하고 결합하고자 하는 본능적 욕망에 바탕을 두고 있다. 이 욕망은 사실 매우 소유론적인 것이기도 하다. 마치 우리가 늘 몸에 지니고 다니며 애지중지하는 스마트폰 같은 물건인 양 상대의 영혼과 육체 모두 내 소유물이 될 수 있는 것처럼 착각하게 만드는. 그러나 소유론적인 마음에 바탕을 둔 사랑은 자칫 이기적이고 자기중심적인 사랑 방식으로 변질될 수 있다. 그리고 그 극단적 형태가 바로 데이트 폭력인 것이다.

반면 존재론적인 사랑이란, 상대를 있는 그대로 사랑하는 것이다. 소유하거나 지배하거나 나에게 동화시키려 하지 않고 상대의 **환원 불가능한 타자성**을 인정하는 것, 나아가 나의 사랑으로 인해 상대가 더 발전하고 성숙하며 행복해질 수 있도록 배려하고 헌신하는 것이다. 이런 배려와 존중, 상대의 독립성과 자율성, 삶에 대한 온전한 자기결정권을 인정하는 개방적인 태도야말로 어떤 사랑의 관계에서건 필수적으로 요구되는 태도일 것이다. 무엇보다 감정적인 일체감과 헌신적 열정이 이런 존재론적 사랑과 모순되는 것은 결코 아니다. 그런 의미에서 내가 결코 원하지 않는 아픈 결별까지도 감싸 안을 수 있는 용기야말로 온전한 사랑의 척도일지도 모른다.

사랑은 혼자 하는 게임이 아니라 엄연히 상대가 있는 관계의 게임이다. 인간의 에로티시즘은 동물적인 생식의 차원을 넘어서 감정과 이성, 스킨십과 성의 문제, 상호적인 소통 등이 포함된 아주 복잡한 문화적 형식이다. 더구나 현대사회에서는 선택의 자유와 다양한 파트너십이 허용된다. 따라서 사랑을 더 잘하기 위해서, 사랑을 통해 삶을 더 좋은 것으로 만들기 위해서는 인간의 에로티시즘이 가진 복잡 미묘함과 딜레마를 더 잘 이해하고 고정관념이나 편견 대신 개방적이고 사려 깊은 태도를 가지려 노력해야 한다.

공기 중에 떠다니는 바이러스처럼

언제 어디서 나를 감염시킬지 알 수 없는 짝사랑.

적어도 그것은 사랑하는 자의 온몸과 온 마음을 사로잡는다는 점에서 진정한 것이며,

사랑하는 자가 애매함과 고뇌를 겪고 극복하는 과정 속에서

자신을 성장시킬 수 있는 계기가 된다는 점에서 필요한 것이다.

Part 3.

짝사랑,
타인에게서
나로 되돌아오는
여행

정지은

때로 낭만주의적 지진아의 고백은

눈물겹기도 하지만,

이제 가야만 한다.

몹쓸 고통은 버려야 한다...

- 최승자, 「이제 가야만 한다」 중에서

내 사랑을 찾습니다
I'm Looking For My Love

한 번쯤의
성장앓이

  우리가 처음 경험하는 사랑은 어떤 것일까? 이는 말할 것도 없이 부모로부터 받는 사랑일 것이다. 세상을 향해 소리쳐 울면서 나오는 탄생의 순간에 이미 부모의 사랑이 예약되어 있다. 그리고 이 사랑은 부모에서 조부모로, 친척들로 확대된다. 물론 최초의 사랑이, 부모의 이혼이나 이별 등의 이유로 멀어질 수도 있으나, 어느 누구도 탄생의 순간에 아기가 받게 될 부모의 사랑을 부인할 수 없을 것이다. 그런데 이러한 사랑은 일방적이다. 우리가 자신의 탄생 장소와 순간을 선택할 수 없는 것처럼 이때의 사랑은 아기가 선택할 수 없다. 아이는 가족이라는 작은 세계 안에서 하나의 구성원으로서 사랑을 받는 것이며, 이때 아기는 사랑을 하는 쪽이라기보다는 사랑을 받는 쪽에 있다. 아이는 이 사랑을 원동력으로 삼아 인생의 긴 여정을 살아 낸다. 하지만 부모의 사랑은 위에서 아래로 내려오는 수직적 사랑이기에, 아직 부모와 가족의 울타리에 있으며 스스로가 사랑의 대상을 선택하지 못하는 아이는 부모의 사랑에 제대로 보답하지 못했을 때 죄책감에 사로잡히게 된다. 부모의 사랑은 내가 선택한 사랑이 아니라는 점에서, 그리고 그 사랑에 보답하지 못했을 때 죄책감을 느낄 수 있다는 점에서 이를테면 구속력을 갖는다.

그런데 아이는 성장하면서 점차 가족의 울타리를 벗어나 타인들을 경험한다. 놀이터에서 함께 뛰어노는 또래 아이들일 수도 있고 같은 반 친구들일 수도 있다. 이제 아이는 처음으로 가족이 아닌 타인을 대하는 법을 스스로 터득하고 또래들 가운데에서 사랑이나 미움, 질투와 같은 감정을 경험하게 된다. 그리고 이제 아이는 일방적으로 받는 사랑, 응답하는 사랑이 아니라, 자신이 감정의 주체가 되어서 사랑의 대상을 선택하게 된다. 아이가 또래들 사이에서 부모가 아닌 다른 대상을 사랑의 대상으로 선택할 때, 아마도 부모는 섭섭한 마음이 들겠지만, 동시에 부모의 곁을 떠나는 아이의 사랑에 응원을 해주고 싶은 마음도 들 것이다. 그렇게 자신이 주체가 되는 사랑은 부모와 가족에 대한 사랑과는 다른 종류의 사랑으로서, 아이에게 심리적 독립을 요구한다.

아이는 또래 친구를 사랑할 수도 있지만, 담임 선생님을 사랑할 수도 있고, TV에서 볼 수 있는 아이돌 그룹의 멤버를 사랑할 수도 있다. 그들은 사랑의 주체인 아이가 바라고 원하는 어떤 모습을 가지고 있다는 이유로, 때로는 존경심과 함께, 때로는 선망과 질투심과 함께 사랑의 대상이 된다. 그렇지만 아무런 원인이나 이유 없이 한눈에 반하는 사랑도 있을 수 있다. 그럴 때에는 짧은 섬광이 스쳐 지나간 것처럼, 한순간 사랑이 시작된다.

언제쯤 나를 봐 줄래?

일러스트: 박지승

하지만 그 모든 사랑은 우선은 짝사랑으로 시작된다. 남몰래 마음속에 담아둔 사랑, 짝사랑. 만일 청춘 남녀들이 상대방의 마음을 읽을 수 있다면, 더 이상 짝사랑은 없을 것이며 사랑의 고통과 기쁨을 노래하는 로맨스 소설도 없을 것이다. 왜냐하면 가망 없는 사랑은 일찌감치 포기될 것이기 때문이다. 사랑은 어쨌거나 사랑하는 두 사람에게서 동시에 일어나지 않으며, 늘 한쪽에서 먼저 시작된다. 사랑의 시작은 고백에 의해서 또는 눈치 빠른 상대방의 응답에 의해서 상호 간의 사랑으로 변모할 수도 있고, 상대방의 응답을 기다리지 않은 채 일찍 끝나버릴 수도 있다. 또한 사랑은 사랑을 받는 대상에게 영원히 알려지지 않은 채로 남아있을 수도 있다. 짝사랑의 그리움은 그런 것 아닐까? 영원한 비밀로 남아있는 사랑에 대한 그리움 말이다.

우리는 짝사랑을 생각할 때 늘 유년기를 떠올린다. 그리고 짝사랑에 대한 그리움은 유년기에 대한 그리움과 종종 오버랩 된다. 아직 자신이 누구인지 알지 못하고 아직 자신감을 갖지 못하는 유년기의 애달픈 짝사랑이 간직하는 비밀은 성인이 되어서도 유년기로 통하는 열쇠처럼 작동한다. 시간을 관통해서 우리를 유년기로 데려다주는 짝사랑. 하지만 짝사랑은 추억이 말해주듯이 그렇게 달콤하지만은 않다. 그것은 떼어버리려 해도 떼어버릴 수 없는 열병처럼 고통스럽게 짝사랑의 주체를 사로잡는다.

나는 이 짧은 글에서 짝사랑의 의미와 시대가 변함에 따라 달라진 짝사랑의 모습을 살펴보려고 한다. 한 개인의 일생에서 짝사랑은 자기만의 고유한 사랑의 시작이며, 아이에게 짝사랑은 가족의 품을 벗어나 스스로가 사랑의 대상을 선택한다는 점에서 일종의 성장 신호처럼 나타날 수도 있다. 또한 짝사랑은 행복하면서도 고통스러운, 양가적이거나 모호한 감정을 느낄 수 있다는 점에서 일종의 성장앓이처럼 경험될 수 있다. 짝사랑이라는 병을 누구는 환절기 감기처럼, 누구는 심한 몸살처럼 앓을 수 있지만, 이 병을 치르고 난 사람은 이제 사랑의 열기를 병으로서가 아니라 기쁨으로서 경험할 수 있다. 짝사랑은 지나고 나서 보았을 때, 감정을 풍요롭게 하고 내면을 들여다볼 수 있게 하며, 타자를 타자로서 경험할 수 있게 하는, 삶의 기회인 것이다.

그런데 지금 시대는 때때로 짝사랑을 지나가는 성장앓이처럼 경험하지 못하게 하는 것 같다. 종종 우리는 사회면 기사에서 연예인들을 집요하게 스토킹 하는 사람들을 접하게 된다. 다른 한편으로 성인이 되어서도 사랑에 무기력한 독신 남녀들을 본다. 사랑의 시작인 짝사랑을 제대로 경험하지 못했을 때, 사람들은 왜곡된 사랑을 사랑으로 믿게 되거나 사랑 자체에 대해 엄청난 두려움을 갖게 된다. 물론 여전히 짝사랑은 있다. 남몰래 마음에 품은 상대를 그리워하는 애달픔은 지금도 존재한다. 다만 우리가 생활하고 있는 세계가 과거와 많이 달라졌기 때문에, 짝사랑의 모습도 달라졌음을 보아야 한다. 이에 앞으로 다루려는 두 작품은 장르에서 큰 차이를 보일 뿐만 아니라(소설과 만화), 내용에 있어서도 큰 차이를 보인다.

첫 번째로 살펴보게 될 작품은 괴테의 『젊은 베르테르의 슬픔』이다. 이 작품은 짝사랑을 다루는 대표적인 소설로서, 괴테 친구의 실제 이야기를 바탕으로 삼고 있다. 당시 독자들은 이 소설을 꽤 충격적으로 받아들였고, 이 소설을 통해 괴테는 명성을 얻었다. 『젊은 베르테르의 슬픔』은 이룰 수 없는 짝사랑의 비극만을 다루지 않는다. 베르테르의 자살로 끝나는 이 소설에서 우리는 사랑의 번민 속에서 일어나는 여러 가지 심리적 변화들, 사랑을 방해하는 것처럼 보이는 사회적 관습에 대한 비판을 읽을 수 있다. 두 번째로 살펴보게 될 작품은 괴테의 소설과는 완전히 다른 것으로 천계영 작가의 만화 『좋아하면 울리는』이다. 지금은 휴재 중인 이 만화는 새롭게 개발된 스마트폰 앱을 둘러싼 청춘 남녀들의 사랑 이야기로, 주로 짝사랑의 문제를 다루고 있다. 이 두 작품들은 전혀 다른 방식으로, 전혀 다른 내용의 짝사랑을 이야기하고 있다. 이제 이 두 작품을 통해 변화된 짝사랑의 모습을 살펴보자.

베르테르 짝사랑의
애매성

　한가로운 고장에 쉬러 온 베르테르는, 어머니를 기다리는 동안 동생을 돌봐주는 한 아이를 바라보며 즐거운 평화를 느낀다. 하지만 이러한 평화로움은 샤로테를 만나기 전이다. 그는 어느 날 파티장으로 가는 길에 동반하게 된 샤로테에게 한눈에 반해 사랑에 빠진다. 그런데 어쩌랴. 샤로테는 이미 약혼자가 있는 몸이었다.

　이 소설은 형식상 두 부분으로 나뉘어져 있는데, 앞부분은 친구에게 보내는 베르테르의 편지들로 이루어져 있고 에필로그처럼 구성된 뒷부분은 베르테르의 자살 사건을 기술하는 친구의 기록으로 이루어져 있다. 베르테르는 약혼자가 있는 샤로테를 단념하라는 세간의 말들에 대해 이렇게 편지에 쓴다.

이 세상에서 이것이 아니면 저것이라는 소위 양자택일의 방식으로 처리되는 일은 아주 드물다. 매부리코와 납작코 사이에도 수많은 단계가 있는 것처럼, 인간의 감정이나 행동에도 갖가지 음영이 있는 법이다.[1]

감정은 마음대로 다룰 수 있는 종류의 것이 아니다. 그는 가령 약혼자가 있는 여자에 대한 사랑을 단념하는 것과 같은 결단을 인간의 장점으로 여기는 사람들에게, 감정이란 특히 사랑이란 그렇게 결단을 내림으로써 시작되거나 정지되는 성질의 것이 아니라고 말한다.

감정이 사람이 원하는 대로 흘러갈 수만 있다면 얼마나 좋을까? 만일 그렇다면 사람들은 행복감과 기쁨만을 느낄 것이며 불행이나 고통은 이 세상에 없을 것이다. 그뿐만 아니라 감정은 온전히 주관적이다. 누군가의 감정은 그 사람만이 느끼고 아는 감정이다. 예를 들어 고통이라도 지은의 고통과 은정의 고통은 다르다.

베르테르는 자신의 감정을 지나칠 정도로 살아내며, 그러한 감정적 삶에 대해 자부심을 가진다. 베르테르의 그러한 생각과 태도에는 『젊은 베르테르의 슬픔』의 작가인 괴테가 속해있던 낭

---

1. 요한 볼프강 폰 괴테(박찬기 역), 『젊은 베르테르의 슬픔』, 민음사, 1999, 73쪽.

만주의 사상이 담겨있다. 문학과 예술에서 낭만주의는 강한 열정과 풍부한 감성, 해방과 자유, 현실을 넘어서는 초월적 세계에 대한 이상과 동경을 주된 경향으로 가진다. 낭만주의 문학과 예술은 고전적인 규범과 관습을 벗어나는 것, 상상력과 감성에 의해 새로운 것을 창조하는 것을 목적으로 한다. 낭만주의 속에서 감정은 늘 과도하게 나타나는데, 왜냐하면 감정이 합리성보다 우선하기 때문이다. 또한 낭만주의를 질풍노도[2]라고 특징짓기도 하는데, 이는 청년기의 특징이기도 하다. 강한 열정과 감정에 자신이 휩쓸리도록 내버려 두는 것, 이러한 상태는 합리적 결단을 미룬다는 점에서 애매성의 태도를 보여주기도 한다. 베르테르가 불가능한 사랑에 자신을 내맡기며 그 상태를 견디고 유지하는 것은 바로 애매성의 태도다.

베르테르는 샤로테에게 약혼자가 있다는 것을 뻔히 알고 있으면서도 그녀에 대한 사랑을 포기할 수 없다. 그런 데다 베르테르가 만난 그녀의 약혼자는 좋은 지위에 있고 훌륭한 인격을 지닌 남자다. 샤로테도 자신의 약혼자를 사랑하고 존경한다. 그녀는 베르테르를 좋아하지만 약혼을 깰 만큼은 아니다. 그리고 샤로테는 그런 자신의 마음을 베르테르에게 줄곧 상기시킨다. 하지

---

2. 굉장히 빠른 바람과 노한 바다라는 뜻을 가진 질풍노도(疾風怒濤)는 독일어 "슈투름 운트 드랑(Sturm und Drang)"을 옮긴 것으로, 이것은 18세기 후반 독일의 극작가인 Fr. M. 클링거의 희곡 제목에서 유래했다.

만 베르테르는 그녀를 향한 사랑을 그만둘 수 없는데, 왜냐하면 그 감정은 그가 어찌해 볼 수 있는 것이 아니기 때문이다. 이러지도 저러지도 못한 채 베르테르는 결국 어떤 결단을 내린다. 그것은 사랑의 포기라는 합리적 결단이 아니라 고백과 자살이라는 결단이다. 고백을 하는 순간, 베르테르는 이미 알고 있었다. 샤로테가 자신을 밀어내리라는 것을. 그리고 그는 샤로테를 더 이상 볼 수 없을 것을 알았기 때문에 고백과 동시에 죽음을 선택한 것이다.[3]

---

3. 베르테르의 자살은 상당한 반향을 불러일으켰다. 당시 유럽의 청년들은 소설에 묘사된 베르테르의 옷차림을 따라 했고, 베르테르의 고뇌에 공감했으며, 심지어 베르테르를 모방한 자살 시도까지 하게 되었다. 지금도 유명 연예인의 자살을 모방한 것을 '베르테르 효과'라고 부른다.

아름다움에 대한 사랑에서
숭고한 사랑으로

약혼자를 두고 있는 여인을 짝사랑하다가 자살에 이른 한 순수한 청년의 이야기는 사실 그다지 새로울 게 없을 수도 있다. 그렇지만 괴테의 이 소설이 위대한 점은 주인공 내면의 복잡다단한 심리 상태를 세밀하게 묘사함으로써 독자들로 하여금 단순한 인간의 감정이란 없다는 것을 알게 해 주었다는 것이다. 베르테르가 친구에게 보내는 편지들로 구성된 형식적 측면도 주인공의 심리 상태를 마치 실제처럼 느끼기에 적합하다.

베르테르가 샤로테에게 느꼈던 최초의 감정은 평온함이었다. 그는 아이들을 좋아하고(베르테르도 위선적이고 권위적인 성인들보다는 아이들을 좋아했다) 죽은 어머니 대신 어린 동생들을 돌보는 그녀에게서, 엄정하고 냉혹한 규율과 위계를 강조하는 성인들에게서는 느낄 수 없는 자유를 느낀다. 그에게 그녀는 자신의 재능과 상상력과 정열을 공감해줄 수 있는 사람처럼 보였다. 그녀에 대한 사랑이 커지면 커질수록 그는 그녀가 자기의 마음을 차지하는 정도만큼 자기가 그녀의 마음을 차지하기를 기대한다. 우리가 사랑하는 누군가를 떠올리며 '그도 나만큼 나를 생각할까' 질문하는 것도 같은 심리일 것이다. 그렇지만 그녀에게는 약혼자가 있었기에 베르테르의 기대는 처음부터 불가능했다. 게다가 그녀의 약혼자는 임종 직전에 있던 샤로테의 어머니에게서 샤로테를 부탁받았다.

베르테르는 천국과 지옥을 오간다. 그녀가 자신을 사랑한다는 느낌이 들 때면 그는 온 세상을 얻은 것 같다. 자존감은 높아지고 두려운 것이 없다고 자신한다. 하지만 그녀가 자신의 약혼자에 관해서 열정과 애정을 쏟아가면서 이야기를 늘어놓을 때면 그는 모든 것을 잃어버린 기분이 된다. 자존감은 추락하고 그의 존재 전체가 비워진다. 그렇게 짝사랑의 애매한 상태로 기쁨과 고통을 오간다.

그렇게 지내던 베르테르는 현실적인 한 친구의 충고를 받아들여 샤로테의 고장을 떠나게 된다. 그는 다른 곳에서 직장을 얻고 생업에 종사하며 새로운 사교계와 접하게 된다. 하지만 이 새로운 사교계는 신분과 출신에 따라 사람을 나누고 아직 이렇다 할 지위를 갖지 않은 젊은 그를 인정하지 않는다. 설상가상으로 속물스러운 상관은 그에게 항상 위압적인 태도를 보인다. 그는 무의미한 일, 위압적인 상관, 속물적인 사회를 견디지 못하고 다시금 고향과도 같았던 샤로테의 고장으로 되돌아온다.

그런데 이상하게도 베르테르가 그녀에게 느끼던 사랑의 감정이 바뀌었다. 예전에는 그녀에게서 아름다움을 느꼈다면, 이제는 그녀에게서 숭고함을 느낀다. 그녀는 "아름다움"이나 "훌륭한 정신의 광휘"와 같은 모습으로 나타나는 게 아니라 "훨씬 더 숭고한 눈초리", "깊은 동정과 괴로움에 대한 안타깝고도 절실한 공감"을 담은 눈초리가 깃든 모습으로 나타난다. 이 말은 이제 베르테르는 자신의 고통마저도 행복을 위해 감내해야 할 것으로 받아들이게 되었다는 것이다.

이렇게 변화된 베르테르의 감정은 그가 앞서 몇 개월 동안 다른 곳에서 일하는 동안 갖게 되었던 경험과 무관하지 않다. 그는 사회적 위계와 관습에 붙잡혀 있는 속물스러운 사람들과 자신은 다르다고 생각했다. 오로지 더 높은 곳을 추구하는 충동에 이끌리는 문학적 환상과 상상력 덕분에 그는 그러한 속물들보다 현실적으로 낮은 자리에 있어도 참을 수 있다고 생각했다. 또한 그는 낮은 신분이 그를 더 높은 곳으로 향하게 하는 계기가 될 수 있다고 생각했다. 그렇지만 그가 지녔던 이러한 희망이 결국에는 불합리한 제도와 규율, 그리고 이것들을 신봉하는 높은 신분의 속물들 때문에 깨졌던 것이다.

절망의 상태로 고장에 돌아온 베르테르는 샤로테가 자신을 아주 잘 이해하고 있다고 믿는다. 그가 가진 모든 절망과 괴로움, 심지어 그녀에 대한 그의 애매한 태도—'그녀가 자신에게서 멀어지게 하라'는 기도를 할 수 없고 '그녀를 자신에게 달라'는 기도도 할 수 없는—를[4] 그녀가 모두 알고 있고 공감하고 있다고 느낀다. 동시에 이 모든 것을 이해하는 샤로테는 그가 더욱더 도달할 수 없는 여인이 되어 버렸다. 이제 그녀의 입술은 입맞춤조차 감행하기 어려운 "거룩한 하늘의 영들이 감돌고 있는 입술"이다. 하지만 그러면서도 베르테르는 입맞춤을 하고 싶다는 소원을 단념할 수가 없다.

이러한 것이 숭고의 감정이 아니라면 무엇일까? 우리는 아름다운 대상을 사랑하면 그것을 소유하고 싶어진다. 하지만 숭고한 대상을 소유하리라는 것은 꿈도 꾸지 못하고 단지 바라보기만 할 뿐이다. 밤하늘에 펼쳐진 무한한 별들이 숭고한 이유는 그것들이 나의 손이 닿을 수 없는 곳에 있으면서 경탄의 대상이 되기 때문이다. 물론 무한한 별들을 바라볼 때의 숭고한 감정에는 고통이 없다. 하지만 엄청난 크기의 폭풍우를 볼 때 우리는 그 앞에 선 인간의 초라함 때문에 고통의 감정을 느끼기도 하는데, 이를 무한한 능력의 숭고한 대상을 바라보기 위해서 치를 수밖에 없는 고통이라고 한다.

---

4. "나는 한없이 괴로운 마음으로 그런 궤변을 늘어놓고 있다. 이렇게 나가다가는 명제와 반명제의 끝없는 되풀이가 되어버리겠다.", 『젊은 베르테르의 슬픔』, 152쪽.

여기서 잠시 독일의 철학자 칸트가 말하는 숭고 감정이 어떤 것인지를 간단히 이야기해 보자. 칸트는 미와 숭고를 구분하는데, 그에 의하면 미는 유용성과 상관없이 감상자에게 쾌의 감정을 불러일으키는 것이고 숭고는 쾌를 넘어서서 불쾌감까지 포함한다. 예컨대 우리는 자연의 꽃이나 균형이 잘 잡힌 건축물, 조화로운 화음으로 이루어진 음악을 들을 때 미적 감정을 느끼며, 거대한 산이나 폭풍우 앞에서 숭고의 감정을 느낀다. 숭고는 엄청난 힘과 양을 경험할 때 느끼는 감정이며, 숭고의 대상들 앞에서 인간은 자신이 얼마나 유한한 존재인지 알게 되기 때문에 고통을 느낀다. 하지만 이러한 고통의 감정은 유한한 자신의 존재를 넘어설 수 있는 이성의 힘을 자기 안에서 끌어냄으로써 승화된다.

샤로테를 향한 베르테르의 짝사랑은 점점 더 고통의 감정으로 다가온다. 손에 닿을 수 없는 그녀를 바라보는 것에 만족한다고 할지라도, 그녀를 자기 것으로 할 수 없다는 자신의 무능력은 그를 고통스럽게 만든다. 그녀가 언제나 그의 마음속에 있기 때문에 더더욱 그렇다.

그녀는 그를 완전히 사로잡는다. 그녀의 모습은 베르테르를 떠나지 않는다. 베르테르는 이렇게 적는다. "눈을 감으면, 이마 속으로 마음의 시력이 집중되어, 그녀의 검은 눈동자가 나타난다." 샤로테에게 온 마음이 점령당하면 당할수록 베르테르는 어찌해 볼 수 없는 자신의 무능력으로 인해 고통을 겪을 뿐이다. 무력감 속에 빠진 베르테르 앞에는, 그런 그와는 정반대로 베르테르의 마음속 어디에나 있을 수 있는 무한한 능력의 자애로운 샤로테가 존재한다.

결국 베르테르는 절망감을 이기지 못하고 권총으로 머리를 쏘아 자살을 시도한다. 그가 채 24시간을 못 넘기고 죽음에 이르렀을 때, 그의 편지의 수신인이었던 빌헬름은 베르테르의 상태를 이렇게 묘사한다.

불만과 불쾌감은 베르테르의 마음속에 점점 깊이 뿌리를 박고 더욱 단단히 얽혀서 차츰 그의 존재 전체를 사로잡고 말았습니다. 그의 정신의 조화는 완전히 깨어지고, 내심의 흥분과 격정은 그의 본성이 지녔던 모든 힘을 뒤죽박죽으로 혼란시켰을 뿐 아니라 가장 불행한 작용을 일으켜서, 마침내 그는 일종의 허탈 상태에 빠져들었습니다.[5]

이 소설의 제목에는 '슬픔'이 들어가 있다. 하지만 소설에 묘사된 샤로테를 향한 베르테르의 짝사랑이 슬픔의 감정으로 모두 다 설명될 수 있을까? 조금 이상한 생각이 들어 독일어 원어를 찾아보았다. 원어는 'leiden'으로서 괴로움, 비통, 고뇌 그리고 병

---

5. 앞의 책, 161쪽.

을 의미한다. 영어의 suffering에 해당되는 단어이다. 그렇다면 이제 제목을 다시 풀이해보자. 베르테르는 완숙한 남자가 아니라 '젊은' 남자이다. 그는 젊기 때문에 샤로테를 향한 짝사랑 속에서 감정의 격동을, '고뇌'를 겪는다. 그는 고뇌를 넘어서고 완숙한 인간으로 다시 태어날 수 있었다. 하지만 그는 그러한 낭만주의적, 질풍노도의 고뇌를 통과하지 못하고 굴복한다. 그의 이른 죽음은 그리하여 그를 영원한 젊은이로 남게 했다. 그를 고뇌 속에 있는 젊음의 화신으로 만들었다.

짝사랑을 누구는 가벼운 감기처럼, 누구는 죽음에 이르는 병처럼 겪을 수 있다. 하지만 크거나 작거나 짝사랑은 우리를 혼돈스럽게 하고 고통을 안겨준다. 그러한 비극적이지만 순수한 짝사랑이 현대사회에서는 어떻게 바뀌었을까? 변화된 짝사랑의 방식을 천계영의 『좋아하면 울리는』을 통해 살펴보자.

남몰래가 허용되지 않는
알고리즘 세계의 사랑

비록 비극적으로 끝났지만 『젊은 베르테르의 슬픔』에서 베르테르는 짝사랑 속에서 이러지도 저러지도 못하는 애매성을 포기하지 않았다. 다시 말해 그는 이루어질 수 없을 게 당연하지만 그런 짝사랑을 포기하지 않았다. 그는 이루어질 수 없고 포기할 수 없는 짝사랑의 이중성을 모두 끌어안았다. 그는 자신을 괴롭히는 정열에 사로잡혔지만, 합리적 결정을 할 수 없었고, 죽음이라는 극단적 선택을 하기 전까지 여전히 애매성과 고뇌 속에서 살 수밖에 없었다. 샤로테의 약혼자인 알베르트는 정열의 반대편에 있는 합리적 인물이었다. 그는 샤로테를 정열적으로 사랑하는 게 아니라 존중하면서 사랑한다. 심지어 그는 자신의 약혼녀를 짝사랑하는 베르테르가 합리적으로 생각하도록 그를 설득한다.

합리성이냐 정열이냐, 이성이냐 감성이냐 같은 양자택일 문제는 청년기의 공통적 문제다. 청년기에는 자신 안에서 샘솟는 여러 정념들—사랑이나 기쁨만이 아니라 질투, 시기심, 고통, 절망, 증오 등—을 합리성이나 이성에 의해 쉽게 사라지게 할 수 없다. 객관적인 시선으로 자기 자신과 타자를 바라보기보다는 정념에 휩싸인 채 자기 자신과 타자를 바라보는 이러한 상태를 미성숙한 상태나 자기중심적 상태라고 부를 수도 있다. 하지만 성숙은 미성숙의 단계 다음에 오는 것이고, 객관적 사유는 자기중심적 사유 다음에 오는 것이다. 그랬을 때 젊음의 미성숙과 자기중심성을 무조건 내칠 일만은 아니다. 어쨌든 젊음의 시기에 타자들과 관계를 맺는 데 있어서 자기 자신의 감정이 다른 무엇보다 소중하다는 것은 사실이다. 또한 인간은 기계가 아니고 감정을 마음대로 조절할 수 없기에, 타자와 관계를 맺을 때 기쁨과 같은 좋은 감정만이 아니라 고뇌와 고통과 같은 감정 또한 경험할 것이다. 그리고 우리는 후자의 감정을 애매성의 상태라고 말했다.

짝사랑은 처음부터 끝까지 애매성의 상태다. 내가 고백하면 그(그녀)가 나를 받아줄 것인가, 말 것인가. 다른 사람을 사랑하는 그(그녀)를 계속해서 사랑할 것인가, 말 것인가. 이러한 애매성의 상태를 견디기 힘들어서 고백을 하거나 포기를 한다면, 애매성의 상태도 끝나지만 짝사랑도 끝난다. 짝사랑을 통해 인간은 자기 안에서 일어나는 갈등을 오롯이 떠맡는 경험을 하며, 그러는 동안 주체는 성장하고 성숙한다. 사랑과 성숙의 연관성. 이것을 잘 보여주는 것이 천계영의 『좋아하면 울리는』이다.

『좋아하면 울리는』은 일종의 성장 만화이다. 이 만화는 디지털과 알고리즘 환경이라는 변화된 시대 안에서의 사랑을 통해 성장을 이야기한다. 우선 만화의 제목부터 살펴보자. 주요 등장인물들의 관계와 감정 흐름의 중심에 좋아하면 울리는 '좋알람'이 있으므로 이 만화의 주인공은 좋알람이라고 해도 좋을 것이다. 좋알람은 알고리즘에 근거한 애플리케이션인데 이것을 설치하면 자신을 좋아하는 누군가가 10미터 반경 안으로 들어왔을 때 핸드폰에 있는 하트의 색이 채워진다. 만일 핸드폰의 주인을 좋아하는 사람이 많다면 하트의 색과 동시에 사람의 숫자가 기록된다.

이야기는 좋알람의 출시와 함께 시작된다. 이것은 전례가 없는 혁신적인 발명품인데, 만화 속에서 천덕구의 발명품이라는 암시를 하고 있다.[6] 뚱뚱하고 못생긴 천덕구는 박굴미를 짝사랑하고 있지만 차마 고백을 하지 못한다. 대신에 자신의 마음을 그녀가 알 수 있도록 수단을 발명한 것이다. 천덕구는 자신이 좋알

---

6. 좋알람을 천덕구가 만들었다는 것은 만화 속에서 계속해서 암시되는 내용이지만, 사실이 아닐 가능성도 있다. 시즌 2에서 좋알람을 발명한 사람은 천덕구의 쌍둥이 형임이 확인되었다.

람의 발명자임을 철저히 숨긴다. 그가 원하는 것은 다만 짝사랑
의 대상인 박굴미가 그를 알지 못한 채로 그의 마음을 숫자로 확
인해주는 것이다. 그가 발명자라는 것을 아는 유일한 사람이 김
조조인데, 그녀가 이 만화의 주인공이며 박굴미의 사촌이다. 김
조조는 부모를 잃은 뒤 이모 집에 얹혀살고 있다. 예쁘고 활발하
며 결코 좌절하지 않는 김조조에게 사촌인 박굴미는 늘 열등감
을 느끼고 있다. 박굴미는 이러한 열등감을 잘생기고 인기 많은
부잣집 아들 황선오와 사귐으로써 없앨 수 있다고 믿는다. 그렇
지만 황선오가 좋아하는 사람은 김조조이다. 처음부터 황선오가
김조조를 좋아했던 것은 아니다. 그는 자기 집안일을 도맡아 하
는 도우미의 아들이면서, 외로운 자신에게는 형제와 같았던 이
혜영이 김조조를 짝사랑한다는 것을 알고 난 다음, 질투를 느끼
고 김조조에게 접근했다가 그녀를 좋아하게 된다. 남몰래 김조
조를 짝사랑했던 이혜영은 친형제 같은 황선오가 김조조와 사귄
다는 사실을 알고서는 뒤로 물러난다. 그러나 김조조를 좋아하
는 마음을 포기하지는 않는다.

아직 연재 중인 이 만화의 지금까지 줄거리를 살펴보면, 불행
한 환경 속에서도 언제나 명랑함을 유지하는 '캔디'[7] 같은 여주인

---

7. 〈캔디 캔디〉는 70~80년대 남녀 불문 거의 모든 초등학생이 기다리며 보았던 TV 연재
   애니메이션이다. 원작은 일본 만화인데 애니메이션으로 만들어져 한국에 소개되었
   다. 이후 〈들장미 캔디〉라는 이름으로 재방영되었다.

공과 이 여주인공을 못살게 구는 못된 여자 사촌, 명랑한 여주인공을 좋아하는 멋진 두 남자(아이)[8], 자신을 드러낼 줄 모르는 소심한 성격과 평범한 외모라는 콤플렉스를 멋진 발명품을 만들면서 극복하려는 남자(아이)가 이루어내는 엇갈린 사랑 이야기를 다루는 것처럼 보인다. 그렇지만 이 만화에 좋알람이라는 발명품이 없다면 이들의 사랑 이야기는 누구나 알고 있는 뻔한 이야기가 될 것이다. 좋알람은 사랑에 대해서, 특히 짝사랑에 대해서 다시금 생각하게 만드는 기회를 제공한다.

짝사랑하는 사람이 내 마음을 알아주었으면 하는 바람과 그 사람에게 자신이 거부당하지 않았으면 하는 바람은 좋알람에 의해 해결된다. 하지만 그 반대급부도 있는데, 만일 자신이 좋아하는 누군가가 자신을 좋아하고 있지 않다는 사실을 앱을 통해 미리 알 수 있다면, 그는 고백은커녕 혼자만의 사랑을 금방 단념할 것이다. 내가 좋아하는 상대가 나를 좋아하는지 아닌지를 알 수 없는 것과 그가 나를 좋아하지 않는지를 확실하게 알 수 있는 것 사이에는 큰 차이가 있다. 알고리즘이 알려주는 상대방의 마음은 너무나 정확해서 부인해보았자 소용없는 것처럼 보인다. 결국 알고리즘은 우리의 감정적 행동에도 영향을 줄 수 있는 것이다.

만화는 좋알람이 가져온 사랑 풍속도의 변화에 대한 사람들의

---

8. 아이에 괄호를 친 이유는 내가 이 만화를 성장 만화로 보기 때문에 주인공들이 아직 성인이 아닌 아이로 비춰지기 때문이다.

반응도 보여준다. 그 점에서 작가 천계영은 현대사회에서 청춘 남녀들이 사랑하는 방식에서의 변화를 보여주면서, 사랑의 감정에 대한 일종의 가상 실험을 하고 있다. 우선 만화 속에서 좋알람에 대한 사람들의 반응은 크게 두 가지다. 좋사모와 안티좋알람. 좋사모는 좋알람을 사랑하는 사람들의 모임으로, 이들은 짝사랑으로 인한 애매한 상태를 거부하고 알고리즘이 확인시켜주는 보장된 사랑만을 하겠다는 심사를 가지고 있다. 예컨대 좋알람이 울릴 수 있는 거리인 10미터는 하기 어려운 고백을 하지 않고도 상대방에게 자신의 사랑을 확인시켜 줄 수 있는 거리가 된다. 이와 반대로 안티좋알람은 좋알람을 반대하는 사람들의 모임으로, 사람의 마음은 양量으로 셀 수 없는 것이라며 좋알람을 반대하는 시위를 벌인다. 이들이 반대하는 것은 좋알람으로 인한 감정의 경쟁이다. 즉 좋알람에 뜨는 하트의 숫자가 많으면 많을수록 그 사람은 인기인이 될 것이고 많은 사람들이 하트의 숫자에 집착하게 될 것이다. 그들은 좋알람이 표시하는 숫자와 이 숫자가 부추기는 경쟁에 반발한다. 그들은 모든 것을 수와 양으로 판단하는 경쟁 사회에서 감정 또한 경쟁의 대상이 될 것이라고 생각한다.

만일 이 가상의 애플리케이션이 정말로 현실화된다면, 우리는 어떻게 반응할까? 상대방의 마음을 알고 싶은 조급함 때문에 너도나도 할 것 없이 스마트폰에 그것을 깔게 될까? 아니면 알고리즘이 사랑을 증명할 수 없다고 판단하면서 그 애플리케이션을 거부할까? 어쩌면 애플리케이션을 깔거나 깔지 않거나 상관없는 세 번째 부류의 사람이 있지는 않을까? 자신의 스마트폰에 상대방의 마음이 하트로 그려지지 않는다고 할지라도 짝사랑을 계속하는 사람 말이다. 첫 번째 부류(좋알람을 깔고 이것에 의존한다)나 두 번째 부류(좋알람을 거부하고 이것을 깔지 않는다)에 속하는 사람이 예상 가능하며, 만화 속의 좋사모와 안티좋알람이 그 둘을 대표한다면, 세 번째 부류의 사람에게서는 어떤 자유가 느껴진다. 이 사람은 사랑을 하는 데 있어서, 그리고 자신의 사랑을 믿는 데 있어서 좋알람이 있건 없건 상관없이 자유롭다.

　만화 『좋아하면 울리는』에는 흥미로운 두 인물이 있다. 한 사람은 이 만화의 중심인물인 김조조이고 다른 사람은 김조조를 짝사랑하는 이혜영이다. 김조조는 황선오를 사랑하고 황선오 역시 그녀를 사랑함에도 불구하고 사랑을 포기한다. 왜냐하면 그녀는 자신의 어려운 처지를 보이기를 거부했기 때문이다. 그녀는 사랑 대신에 생존을 선택한다.[9] 김조조는 학자금 대출을 갚고 생활비를 벌기 위해 아르바이트를 전전하면서 사랑의 기회와 시

---

9. 이 만화에서 '방패'라는 것이 등장하는데, 유일하게 김조조 한 사람만이 이 방패를 갖는다. 실은 이 방패는 김조조가 선택한 것이다. 방패가 작동하면 자기가 좋아하는 상대의 애플리케이션에 알람이 뜨는 것을 막을 수 있다. 황선오는 김조조와 같이 있는데도 자기의 좋알람에 하트 표시가 뜨지 않는 것을 보고 김조조가 더 이상 자신을 좋아하지 않는다고 생각한다.

간마저 빼앗겨버린 지금 한국의 청년 세대를 생각나게도 한다. 또 다른 흥미로운 인물인 이혜영은 자신의 좋알람에 김조조의 마음을 전달하는 하트가 뜨지 않음에도 불구하고 그녀를 계속해서 사랑한다. 이혜영에게는 좋알람이 필요했다. 김조조가 자신을 좋아하지 않는다고 할지라도 그녀에게 "자신의 좋아하는 마음을 전달할 수 없는 것만으로도 마음이 터질 것" 같았기 때문이다. 이혜영은 안전한 거리에서만 사랑의 대상을 선택하는 자, 다시 말해 상대가 자신을 좋아하는 것을 확인함으로써만 상대를 좋아하는 자가 아니다. 그는 자신의 감정에 충실하며, 짝사랑이 가져다 줄 고뇌를 견디고 상대방이 자신을 사랑해 줄 날을 묵묵히 기다린다.

우리는 베르테르의 짝사랑에서 절망을 보았다. 그에게 짝사랑은 다른 모든 것을 앗아가 버린다. 심지어 그의 생명마저 앗아가 버린 게 그의 짝사랑이다. 그런데 『좋아하면 울리는』에서 이혜영의 짝사랑은 절망이 아니라 희망으로 그려진다. 상대방의 마음을 당장 얻을 수 없다고 하더라도 그를 이해하고 기다려주는 짝사랑. 그런 이혜영의 짝사랑은 김조조를 조금씩 변화시킨다. 김조조는 생존을 위해 모든 감정을 포기한 슬픈 아이에서 타자를 위해 무언가를 하고자 하는 긍정적이고 너그러운 아이로 바뀐다. 이혜영은 비록 그것이 짝사랑이라고 할지라도, 당장 알고리즘의 하트에 색이 칠해지지 않는다고 할지라도, 사랑한다는 사실만으로, 사랑하는 사람 곁에서 묵묵히 기다리는 것만으로 만족해한다.

만일 짝사랑에 자유라는 게 있다면 그런 것이 아닐까? 즉 나의 이 짝사랑은 남이 결정해주는 게 아니라 내가 선택하고 내가 고집하는 사랑이라는 것, 그리고 나는 내가 선택한 그 사랑에 충실하다는 것. 그랬을 때 사랑은 그 이유나 원인을 외적 조건이나 알고리즘에서 찾지 않을 것이고—사람들은 자신의 감정을 명확하게 알기 위해 호르몬의 변화와 같은 과학적 근거에 기대거나, 경제력이나 사회적 지위와 같은 외적 조건에 기댄다—오로지 자기 자신 안에서 찾게 될 것이다. 다만 자신의 선택에 충실한 사랑을 한다면 어쩔 수 없는 고통을 겪게 될 것이다. 그러한 고통과 애매함의 상태를 어떻게 극복하느냐에 짝사랑을 하는 자의 자유가 놓여 있을 것이다. 그리고 그것은 김조조에 대한 이혜영의 사랑처럼 대가를 바라지 않는 사랑, 자신의 사랑으로 타인을 옥죄지 않는 사랑이어야 할 것이다.

나의 사랑을
누가 대신할 것인가?

우리가 잘 알고 있는 칼 맑스는 『경제학, 철학 초고』에서 이렇게 쓴다.

네가 사랑을 하면서도 되돌아오는 사랑을 불러일으키지 못한다면, 즉 사랑으로서의 너의 사랑이 되돌아오는 사랑을 생산하지 못한다면, 네가 사랑하는 인간으로서의 너의 생활표현을 통해서 너를 사랑받는 인간으로 만들지 못한다면 너의 사랑은 무력하며 하나의 불행이다.[10]

우리는 아무나 사랑하지는 않는다. 우연한 만남에서 생겨난

---

10. 칼 맑스(최인호 역), 『맑스, 엥겔스 저작집』, 박종철, 91쪽.

사랑일지라도 그 사랑의 대상은 내가 갖고 있지 않은 무언가, 내가 원하는 무언가를 가지고 있는 사람이다. 이 무언가를 지위나 부유함 등 물적 조건으로 생각하지는 말자. 그것은 보다 내적인 것으로서 용기, 섬세함, 밝은 성격, 지성 등 한 인격이나 한 사람 전체를 이루는 것들이다. 사랑받는 사람은 사랑하는 사람이 갖고 있지 않은 무언가를 가지고 있는 존재다. 그리고 이러한 점 때문에 사랑하는 자는 사랑받는 자를 따라가게 된다.

짝사랑의 대상은 이를테면 사랑하는 자의 모델이 되며, 사랑하는 자에게 닮고자 하는 욕구를 불러일으킨다. 짝사랑의 대상과 닮고자 하는 욕구가 지나치게 커지면, 그에 미치지 못하는 자신을 원망하면서 그에 대해 질투나 시기심을 가질 수도 있다.[11] 하지만 상대방의 장점을 닮아가려는 노력 속에서 사랑의 감정은 사랑하는 자를 변화시키기도 한다. 사랑하는 자는 짝사랑의 상대가 자신을 사랑할 수 있도록, 자신이 사랑받을 만한 인간이 되도록 자신을 변화시키려고 노력한다. 이러한 노력이 꼭 타인과 같아지는 쪽으로 향하는 것은 아니다. 타인이 나의 사랑을 받을 만한 사람이었다면, 이제 내 차례에서 타인의 사랑을 받을 만한 사람으로 나를 변화시키는 것이다. 그랬을 때, 타인에게로 일방

---

11. 스토커를 짝사랑으로 오해하면 안 되는데, 스토커는 타자를, 혹은 타자 안의 좋은 것을 자기가 소유하지 못할 바에는 그 타자를 파괴하고자 하기 때문이다. 이것은 사랑보다는 질투나 시기심에 가깝다.

적으로 향했던 짝사랑은 되돌아오는 사랑이 된다. 타인을 향했던 사랑이 나에게로 되돌아오는 동안, 나는 그만큼 변화하고 그만큼 성장한다.

베르테르는 짝사랑의 격정으로 인해 자기 자신을 파괴하기에 이르렀다. 그와 같이 짝사랑의 고통을 너무나 잘 알고 있는 감정의 '피해자'들은 좋알람을 선택한다. 왜냐하면 좋알람은 상대의 마음이 나와 같지 않을 때 짝사랑을 쉽게 포기함으로써 베르테르의 정열과 격정과는 거리가 먼 안전한 사랑을 하게 했다. 하지만 베르테르처럼 정열로 말미암아 번뇌와 고통 속으로 빠져 들어가 자기 자신을 파괴하는 사랑이나, 좋알람의 신봉자들처럼 정열이 없는 안전한 사랑이나, 이런 종류의 사랑은 사랑하는 자를 변화시키지 못한다. 베르테르의 사랑에는 상대방이 어떻게 생각하건 자기 자신의 감정이 무엇보다도 중요하다. 그리고 좋알람의 신봉자들의 사랑에는 계산된 감정만이 있다.

그런데 앞에서 말했듯이 사랑은 사람을 성장시키는 계기가 될수 있다. 즉 사랑하는 자는 짝사랑의 애매한 상태에 있으면서, 자신이 사랑하는 상대방으로부터 사랑받을 수 있는 자로 변화하는 동안, 자기도 모르는 사이에 성숙한 사람이 된다. 이처럼 사랑의 감정은 고뇌와 괴로움을 안겨주는 것이기도 하지만 성장하게 만드는 것이기도 하다. '짝사랑을 어떻게 겪을 것인가'의 문제는 '어떻게 성장할 것인가'라는 문제와 나란히 간다.

짝사랑도 하나의 사랑이라면, 그것은 모든 사랑이 그렇듯이 행복의 순간과 고통의 순간을 오간다. 사랑의 대상이 심정적으로나 거리상으로 가까이 있다고 느낀다면 행복할 것이며 그 반대라면 고통스러울 것이다. 그렇기 때문에 짝사랑과 혼동되기 쉬운 스토커나 집착은 사랑이라고 볼 수 없다. 후자의 경우에는 상대방과의 관계에서 행복이나 고통을 느끼기보다는 상대방을 지배하는 데서 오는 쾌락을 느낄 것이기 때문이다. 어쨌든 짝사랑을 하는 사람은 사랑의 대상을 하나의 인격이자 사랑받을 만한 특성을 지닌 사람으로 바라보고 있는 것이지, 지배하고 소유하고 싶은 사람으로 바라보고 있는 것이 아니다.

공기 중에 떠다니는 바이러스처럼 언제 어디서 나를 감염시킬지 알 수 없는 짝사랑. 적어도 그것은 사랑하는 자의 온몸과 온마음을 사로잡는다는 점에서 진정한 것이며, 사랑하는 자가 애매함과 고뇌를 겪고 극복하는 과정 속에서 자신을 성장시킬 수 있는 계기가 된다는 점에서 필요한 것이다.

사랑은 야생의 들꽃일 수도, 잘 가꾼 정원의 꽃나무일 수도 있다.

그러나 정확하게 말해서 문명의 손길이 닿지 않은 야생의 사랑은 없다.

다시 말해 야생의 식물처럼 신경도 쓰지 않고 그대로 방치해둬도

저절로 아름답게 성숙하는 사랑은 없다.

Part 4

질투

김종갑

내 사랑을 찾습니다
I'm Looking For My Love

질투는
못난 감정일까?

   질투하지 않고 누군가를 사랑할 수 있을까? 질투 없는 사랑이 가능할까? 결론부터 말해서 불가능하다. 질투에는 면역 주사가 없다. 그렇다고 질투가 나쁘다고 말하려는 것은 아니다. 질투와 집착은 동일하지 않다. 질투 하면 생각나는 유명한 인물이 있다. 셰익스피어의 『오델로Othelo』의 주인공이다. 질투에 눈이 먼 그는 신혼 침실을 순결한 아내의 붉은 피로 물들였다. 굳이 문학 작품을 예로 들지 않더라도 우리 주위에서 거의 매일 질투로 인한 살인이나 폭행 등이 발생한다. 맹목적인 질투는 치명적인 결과를 가져올 수 있다. 그렇다면 질투를 적당히 자제하는 게 불가능할까? 나는 가능하다고 본다. 질투는 긍정적인 힘이 될 수도 있다. 잘 사용하면 독약도 보약이 되듯이 질투도 사랑의 호르몬, 옥시토닌의 분비를 촉진할 수 있다.

먼저 개인적인 고백을 해야겠다. 나에게는 질투의 감정(따위는)이 없다고 생각하면서 살았다. 질투에 대해 쓰라는 청탁을 받았을 때 나는 "그런 거 키우지 않는다"라고 하며 거절하였다. 내가 경험하지 않았던 감정에 대해 어떻게 글을 쓸 수 있단 말인가! 장미를 본 적이 없는 사람은 장미에 대해 말할 수가 없다. 그러다가 나중에서야 새로운 깨달음이 왔다. 지금까지 내가 질투에 대해 편견을 가지고 있었다는 사실을 발견하였다. 〈질투는 나의 힘〉이라는 영화도 있지만 나는 질투를 루저나 하는 못난 감정이라고 생각하고 있었다. 질투를 인정하면 내가 못났다는 걸 인정하는 것이나 마찬가지라고 보았다. 생각해 보니 나는 질투에 대해 진지하게 생각한 적이 없었다. 운 좋게 질투의 코너에 몰린 적이 없었기 때문이었다. 유전자적으로 질투의 세포가 활성화되지 않았던 것이다. 질투도 먹이를 주지 않으면 자라지 않는다. 나는 질투가 몸집을 키울 기회를 주지 않았던 것이다.

왜 질투에 대해 생각하기를 꺼렸을까? 질투는 못난 감정이라는 이유만은 아니었다. 나는 질투는 여자나 하는 것이라고 무의식적으로 생각하고 있었다. 『오델로』는 예외지만, 질투와 남자는 궁합이 맞지 않는 듯이 보였다. TV에 방영되는 사극들을 보라. 장희빈이나 양귀비는 아름답기로 유명했지만 질투가 심하기로도 악명이 높았다. 장희빈의 질투는 당연하게 느껴진다. 그러나 숙종의 질투를 상상이나 할 수 있겠는가.

나를 비롯해서 많은 사람들이 질투는 루저나 여자의 감정이라고 생각하는 경향이 있다. 잘못된 편견임은 물론이다. 누군가를 진실로 사랑한 적이 없는 사람은 질투라는 감정을 모를 수 있다. 사랑의 빛이 없으면 질투의 그림자도 생기지 않는다. "질투 따윈 키우지 않는다"라고 말하는 사람은 "나는 사랑 따위는 절대 하지 않는다"라고 다짐하는 격이다. 사랑이 강렬하면 할수록 질투의 그림자도 짙어진다. 그렇다고 해서 사랑과 질투가 비례한다고 주장하려는 것은 아니다.

질투가 남녀 관계에서만 발생하는 감정은 아니다. 모든 좋은 것이 질투의 원인이 될 수 있다. 남의 롤렉스 시계를 시샘할 수도, 공부나 운동을 잘하는 학우를 질투할 수도 있다. 남녀 관계보다 더 끈질기고 고통스런 질투는 자신보다 뛰어난 타인의 재능에 대한 것이다. 이를 소재로 다룬 유명한 영화 〈아마데우스〉는 아카데미상을 8개나 휩쓸었다. 영화의 주인공인 살리에리는 유명한 음악가였지만 모차르트의 천재적 재능을 부러워했다. 죽어라 노력해도 따라잡을 수 없는 모차르트를 시기하고 질투했던 그는 나중에는 신을 탓하기도 한다. "신이시여, 제가 원했던 것은 오직 주님을 찬미하는 것이었는데 주님께선 제게 욕망만 주시고는 벙어리로 만들어 놓았습니다. 어째서입니까? 이유를 말씀해 주십시오. 제가 음악으로 찬양하길 원치 않으셨다면 왜 제게 그런 욕심을 심어 주셨습니까? 욕망을 주고 왜 재능은 주지 않았습니까."¹ 세상이 불공평하다는 것이다.

질투는 다양한 얼굴과 표정을 가지고 있다. 나는 이 글에서 질투가 악덕이 아니라 미덕이 될 수 있다는 점에 주목할 것이다. 질투심이 없는 사람은 없다. 좋아하는 것을 빼앗기고 싶은 사람이 어디에 있겠는가? 한편에는 좋아하는 것을 남에게 빼앗길지 모른다고 걱정하는 사람, 다른 한편에는 남의 좋은 것을 시샘하는 사람이 있다. 『성경』의 하느님도 자신을 가리켜 질투하는 신이라고 말하였다. 유대인들이 다른 신에게 기도하고 찬양하는, 그런 꼴을 두 눈을 뜨고 볼 수가 없었다. 소돔과 고모라를 보라. 원자폭탄 수소폭탄도 분노한 신만큼 무자비하지는 않다. 질투는 폭력과 파멸, 죽음을 가져올 수도 있다. 그러나 모든 질투가 그처럼 파괴적인 것은 아니다. 사랑이 있는 곳에 질투도 있기 때문이다. 질투 자체가 나쁜 것은 아니다. 질투는 야생동물과 마찬가지이다. 잘 길들이면 애완견이 된다.

---

1. 이것을 역사적 사실로 받아들이면 안 된다. 천재 숭배를 부추기는 허구적인 이야기에 지나지 않는다. 당시에 살리에리도 모차르트 못지않게 명성이 높았던 음악가였다. 물론 질투했을 가능성도 배제할 수가 없다. 그러나 이것을 확인할 증거나 기록은 존재하지 않는다.

질투와
시기심

질투가 무엇일까? 우선 질투와 뜻이 비슷한 어휘들이 많다는 사실을 지적하고 싶다. 시기, 시샘, 부러움, 선망, 투기 등이 모두 비슷한 말들이다. 그런데 여기서 정작 내가 말하고 싶은 것은 동의어가 아니라 반의어이다. 질투에는 반의어가 없다. 영어도 마찬가지이다. jealousy의 동의어는 두 손으로 헤아릴 수 없지만 그것의 반의어는 없다. 이처럼 반의어가 없다는 사실은 질투에 대해서 많은 것을 말해준다. 질투가 없는 사람, 질투가 없는 사회는 존재하지 않는 것이다. 심지어 젖먹이에게도 질투심이 있다. 엄마가 다른 아이에게 젖을 물린다고 생각해보라. 아이의 눈은 질투로 시퍼렇게 달아오른다.[2] 그리고 세상이 떠나가도록 울

---

2. 그렇게 질투에 의해 상대방을 바라보는 공격적 시선을 영어로 evil eyes라고 한다. 질투의 눈은 악마의 눈과 같은 것이다.

기 시작한다. 강아지도 예외가 아니다. 주인이 다른 강아지를 예뻐하면 질투심에 아예 정신을 잃는다. 심지어 『강아지의 질투』라는 제목의 동화책도 있다. 이처럼 유아의 세계와 동물의 세계에도 질투가 있다. 다만 질투는 믿음, 신뢰, 자신감이 있을 때는 발생할 수 없다. 자기가 좋아하는 것을 누구도 앗아갈 수 없다고 자신하는 사람의 마음에는 질투가 들어설 자리가 없다. 이 점에서 왕은 질투하지 않는다. 누가 감히 왕의 것을 넘보겠는가?

네이버 국어사전에 따르면 질투는 두 가지의 의미를 가지고 있다. 첫째는 사랑하는 이성異性 사이에서 상대되는 이성이 다른 이성을 좋아할 경우에 생기는 감정이며, 둘째는 다른 사람이 잘되거나 좋은 처지에 있는 것 따위를 공연히 미워하고 깎아내리려는 심리이다.(뒤에서 이것을 다루면서 나는 시기로 정의할 것이다.) 이 두 가지 의미가 서로 일치하지는 않는다. 그러나 질투의 극장에 적어도 3명의 인물이 등장한다는 점에서는 정확히 일치한다. 구체적으로 생각해보자. 내가 민정이와 사귀고 있다고 하자. 그런데 가끔 그녀가 동수와 있는 모습을 보면 민정이는 그를 좋아하는 듯이 보이기도 한다. 더구나 동수가 부잣집 외동아들이라는 사실을 생각하면 아무래도 내가 불리한 처지에 있다. 그래서인지 동수와 함께 있는 민정이를 보면 질투심도 생기고 불안하기도 하다. 민정이를 동수에게 뺏길 수 있다는 불안감이 질투의 감정을 더욱 자극한다. 그렇게 질투하는 내 자신이 싫다.

질투에 사로잡힌 자신의 모습을 좋아할 사람은 없다. 만약 무소불위의 왕이라면 질투하지 않아도 된다. 연적인 동수를 멀리 귀양 보내면 된다. 다윗 왕도 밧세바를 차지하기 위해서 그녀의 남편 우리아를 전쟁터로 보내 죽게 만들지 않았던가. 왕은 그렇다고 치자. 권력이 없는 평범한 사람들은 질투의 날카로운 이빨에 물어뜯겨야 하는 것일까? 만약 질투의 대상이 돈이나 보석이라면 아무도 알 수 없는 벽장 깊숙이 숨겨놓으면 된다. 그렇지만 사랑하는 사람을 그렇게 숨겨놓을 수는 없지 않은가. 물론 조선시대에는 가능했었다. 양갓집의 여자들은 바깥으로 나가지 못하도록 집 안에 갇혀 있어야 했다. 유럽을 비롯해 대부분의 문명권에서 여자는 집이라는 작은 공간에서 마음대로 벗어나지 못했었다. 이슬람 문명은 어떠한가. 아랍 여자들은 얼굴은 물론이고 온몸을 히잡이나 차도르로 가리지 않으면 바깥으로 나갈 수가 없었다. 여자가 집 밖으로 나가지 않으면 남자가 질투할 원인 자체가 소멸해버린다.[3] 히잡이나 차도르는 질투의 방패이자 갑옷인 셈이다. 아예 얼굴을 숨겨 보이지 않게 만들면 연적도 생기지 않을 것이다. 자기가 사랑하는 연인을 빼앗길지 모른다는 걱정을 하지 않아도 된다. 이 점에서 질투는 가진 자의 감정이다. 가진 것이 없는 사람은, 빼앗길 것도 없기 때문에 질투할 이유도

---

3. 바깥을 자유롭게 돌아다니는 여자는 '거리의 여자(women of the street, 매춘부)'로 간주되지 않았던가.

없다. 내가 민정이와 사귀는 사이가 아니라면 그녀가 나를 버리고 동수에게 갈지 모른다는 불안도 없을 것이다. 혼자 짝사랑하고 있다면 나는 동수와 민정이를 질투하는 것이 아니라 시기하는 셈이 된다(시기에 대해서는 뒤에 설명하기로 한다). 이처럼 있는 자만이 질투할 수 있다는 점에서 질투는 방어 심리와 맞닿아 있다.

질투를 가진 자의 감정으로 취급하는 내 주장에 반발하는 사람들도 있을 것이다. 그런 반발이 당연하다고 생각한다. 우리는 자기가 가지지 못한 것을 갖고 싶어 하는 마음도 질투로 이해하고 있다. 앞서 다른 사람이 잘되는 것을 미워하거나 그를 깎아내리는 심리도 질투로 정의되지 않았던가. 이를테면 동수와 민정이가 사귀고 있을 때 내가 민정이를 좋아한다면 동수와 민정이의 연애가 깨지기를 바랄 수도 있다. 또한 동수를 부러워하는 마음에 민정이 앞에서 그의 흠을 잡을 수도 있다. 이렇게 부러워하는 마음을 시기심이나 질투로 이해할 수도 있다. 그럼에도 나는 질투와 시기를 개념적으로 구분하고자 한다. 질투와 시기의 성격을 분명히 하기 위해서이다. 나는 없는 것을 갖고 싶어 하는 마음, 남을 부러워하는 마음을 질투가 아니라 시기로서 정의하려고 한다. 이 점에서 엄마의 품에 안긴 아이를 보면서 느끼는 고아의 감정은 질투가 아니라 시기심이다. 질투가 소유물을 남에게 빼앗길지 모른다는 조바심이나 불안감이라면 시기는 그것을 빼앗고 싶어 하는 욕망이다. 질투가 방어적이라면 시기는 공격적이다. 손실의 가능성과 획득의 가능성이 하나의 짝을 이루고 있는 것이다. 우리는 여기서 삼각관계를 발견할 수가 있다. 질투와 시기는 나와 동수, 민정이 사이를 오가는 감정이다. 이때의 차이는 뺏고 뺏기는 방향의 차이이다.

예를 들어 2018년 5월에 스페인의 휴양지 마요르카Majorca에서 다음과 같은 사건이 있었다. 운전을 하던 한 여자가 갑자기 길을 가고 있는 다른 여자를 향해 차를 몰아 살해를 시도하였다는 것이다. 가해자는 2년 전에 결혼한 남편 앤드류 코우커Andrew Coaker와 별거하고 있던 케미 코커Kemi Coaker라는 29살의 영국 여자였다. 알고 보니 질투로 인해 발생한 사건이었다. 피해자는 앤드류가 최근에 사랑하게 된 메건 테터살Meghan Tattersall이라는 23살의 여자였다. 케미 코커는 운전을 하다가 우연히 길에서 메건을 발견하고 그야말로 피가 거꾸로 솟은 것이다. 사고를 내고 도주했던 케미 코커는 곧 경찰에 잡혀 살인미수로 수감되었다. 한편 이 사고로 메건은 한쪽 다리에 치명상을 입었다.

이 사건의 원인이 질투와 시샘, 분노였음은 두말할 나위가 없다. 케미는 메건이 자기의 행복을 앗아갔다는 생각에 분통이 터졌을 것이다. 별거 상태였지만 케미는 여전히 남편을 사랑하고 있었다. 얼마나 화가 났으면 차로 그녀를 밀어버릴 생각을 했을까. 이 사건에는 세 명의 인물이 등장한다. 전형적인 삼각관계이다. 앤드류를 가운데 두고서 두 여성이 밀고 당기는 줄다리기를 하고 있다. 그렇다면 이때 메건에게 화풀이를 했던 케미의 감정은 시기일까? 아니면 질투일까? 양자가 겹쳐있는 듯이 보이기도 한다. 케미는 원래 자기 것이었지만 메건에게 빼앗긴 앤드류를 되찾으려 하기 때문이다. 그러나 현재의 시점에서 보면 그것은 시기이다.

짐작할 수 있듯이 질투와 시기의 본질은 삼각관계이다. 적어도 세 사람 이상이 있어야만 질투가 고개를 들기 시작한다. 이자二者 관계에서는 질투가 들어설 자리가 없다. 케미와 앤드류가 무인도에 고립되어 있다면 이들은 질투하거나 시기할 이유가 없다. 그야말로 완벽한 관계가 될 것이다. 두 사람이 훌륭하거나 현명해서가 아니다. 질투하거나 시기할 상대가 없는 것이다. 제삼자가 등장하는 순간 이들 사랑의 관계는 금이 갈 수도 있다.

질투 없는
사랑은 없다

질투는 지금 누리고 있는 행복을 계속해서 유지하려는 마음이다. 자기가 좋아하는 것을 잃어버리거나 다른 사람에게 뺏길 수 있는 불안감이, 잠자고 있던 질투를 흔들어 깨운다. 무엇보다 인간관계는 완전하지 않기 때문이다. 어느 날 갑자기 사랑이 찾아왔다면 어느 날 갑자기 떠날 수도 있다. 결혼식에서 자주 듣는 축사가 있다. 검은 머리 파뿌리가 될 때까지 신랑과 신부가 서로 사랑해야 한다는 것이다. 얼마나 사랑이 깨지기 쉬우면 이제 막 결혼하는 신랑 신부에게 죽을 때까지 서로 사랑하라고 당부하겠는가. 주례자는 사랑이 본질적으로 불안정하다는 것, 질투와 시기심으로 무너지기 쉽다는 것을 잘 알고 있는 것이다.

사랑의 호르몬은 효능이 길어야 1년 반이라는 말이 있다. 강렬한 열정도 오래 지속되지 않는다는 것이다. 더구나 주위에는 연인들의 사랑을 넘보거나 위협하는 매력적인 남녀들이 가득하다. 이들은 잠재적인 사랑의 경쟁자이다. 이러한 이유로 인해서 머리카락처럼 아주 사소한 사건도 성경처럼 강력한 의심의 증거가 될 수 있다. 남자친구가 다른 여자와 나누는 가벼운 농담에서도 의혹의 표정을 읽을 수 있다. 여기서 남자친구가 다른 여자에게 관심이 있는지 없는지의 사실 관계는 중요하지 않다. 대부분의 질투는 사랑에 내재하는 불안, 주관적인 의심으로부터 싹이 자라기 시작한다. 나의 불안을 상대에게 투사하는 것이다. 불안이 크면 클수록 질투의 몸집도 거대해지는 법이다. 자라 보고 놀란 가슴 솥뚜껑을 보고도 놀란다는 속담이 있지 않은가.

질투는 나의 불안감이 야기하는 주관적 감정이다. 우리는 불안하면 손에 쥔 것을 놓지 않기 위해서 더욱 손에 힘을 주게 된다. 사극의 여자 주인공들을 보라. 왕의 총애를 받는 후궁은 질투의 화신이 된다. 3천 궁녀라는 말도 있지만 왕은 아름다운 여인들로 둘러싸여 있다. 더구나 왕의 애정만큼 변덕스런 것이 어디에 있겠는가.

주관적인 감정이기 때문에 자기 눈에 대들보로 보이는 질투의 증거가 다른 사람에게는 티끌로 보일 수 있다. 질투와 의심이 유난히 많은 사람이 있는가 하면 그렇지 않은 사람도 있다. 그렇다면 다음과 같은 의문이 생길 수 있다. 나는 질투심이 많은가? 그렇지 않은가? 이렇게 궁금해하는 사람들을 위한 '질투 테스트'라는 것도 있다. 테스트는 총 6개의 질문이 주어진다. 다만 이 테스트는 참고용이기 때문에 너무 신뢰하지 않기를 바란다.

<질투 테스트>

Q1. 남자친구가 갑작스런 일이 생겨서 당신과 같이 있을 수 없다고 한다. 여러분의 반응은?
① 무슨 일인지 물어보고 괜찮다면 같이 간다.
② 그의 친구에게 전화해서 그에게 무슨 일이 있는지 물어보고 몰래 그의 뒤를 따라간다.
③ 감정이 상한 나는 영화를 보는 등 기분 전환을 한다.

Q2. 그가 과거에 헤어진 여자친구와 같이 있는 자리에서 그는 나를 무시하고 그녀에게만 말을 하고 있다. 어떻게 하겠는가?
① 신경 쓰지 않는다. 누가 뭐래도 나는 그의 여자친구이기 때문이다.
② 그와 그녀의 표정과 태도를 지켜본다.
③ 그들의 대화에 끼어든다.
④ 그들에게서 떨어져서 주위 경치를 감상한다.

Q3. 남자친구에게 문자 메시지를 여러 차례 보냈는데 답이 없다. 어떻게 하겠는가?
① 그가 답할 때까지 계속 문자를 보낸다.
② '나 화가 났어'라는 문자를 보낸다.
③ 혹시 그가 사고를 당했는지 걱정하면서 기다린다.
④ 신경 쓰지 않는다. 아무튼 그는 돌아올 테니까.

Q4. 남자친구가 혼자 외출을 한다. 당신은 어떻게 하겠는가?

① 그가 다른 여자와 데이트하지 않나 불안해하면서 그를 기다릴 것
이다.

② 그가 뭐하는지 확인하기 위해 계속 문자를 보낸다.

③ 그가 혼자 외출하는 이유를 알아야 한다. 그의 사랑이 식었다는 의
심이 들기도 한다.

④ 별로 신경을 쓰지 않는다. 그에게도 자신만의 자유로운 시간이 필
요하기 때문이다.

Q5. 남자친구가 당신 모르게 다른 여자와 데이트를 한 것 같은 느낌이다.
확인하기 위해서 그의 스마트폰을 열어볼 것인가?

① 그를 믿고 신뢰해야 한다. 그렇지만 만약을 위해서 확인해봐야 한다.

② 아니다. 그에게 직접 물어보겠다.

③ 아무것도 하지 않는다.

Q6. 남자친구가 당신을 속이고 바람을 피웠다. 용서하겠는가?

① 용서하겠다. 그러나 시간이 걸릴 것이다.

② 그가 진정으로 용서를 빈다면 용서할 수 있다.

③ 용서는 하겠다. 그러나 결코 잊지는 않을 것이다.

④ 용서라니! 절대 그럴 수 없다.

위의 문항들에 대해서 하나하나 설명할 필요는 없을 것이다. 질문과 예시 자체가 이미 많은 것을 말해주고 있다. 그럼에도 참고로 2번 질문에 대해 생각해보기로 하자. 우선 사랑하는 남자

친구가 과거의 여자친구와 함께 있는 것 자체가 유쾌한 일은 아니다. 그럼에도 호기심을 가질 수는 있다. 그녀의 어떤 모습에 반했는지, 헤어진 이유가 무엇인지 궁금해지는 것이다. 또 자신이 그녀보다 더욱 매력적인지 비교해보고 싶은 생각이 슬그머니 들 수도 있다. 이러한 상황에서 어떻게 행동할 것인가? 답을 고르기에 앞서서 머릿속에 수많은 경우의 수가 오갈 것이다. 혹시 그녀를 만난 다음에 과거에 꺼졌던 사랑의 불씨가 다시 살아날 수 있지 않을까? 서로 전화번호를 주고받지는 않았을까? 반면 오랜만에 만났으니 둘이서 이야기할 수도 있다고 당연하게 생각할 수도 있다. 아무튼 이와 같이 다양한 경우의 수가 가능하다. 이때 내가 선택한 답은 내 성격과 사랑의 관계에 대해서 많은 것을 알려준다. 만약 남자친구에 대한 확신이 있다면 그가 혼자 그녀를 만나도 크게 우려하지 않을 것이다. 그녀와 데이트를 했다면 거기에는 피치 못할 사정이 있다고 짐작할 수 있다. 정반대의 상황도 가능하다. 만약 내가 이혼한 가정에서 성장했다면 남녀의 사랑은 순간적이라고 생각할 수 있다. 믿지 못할 것이 남자의 마음이라고. 그렇다면 나는 "그와 그녀의 표정과 태도를 지켜보게" 될 것이다. 그의 스마트폰 기록도 살펴보게 될 수 있다.

어떤 반응이 가장 바람직할까? 그러나 바람직한 답이나 최선의 반응은 없다. 상황에 따라서 대응도 달라져야 하기 때문이다. 그리고 실제 상황이 주어지면 우리는 테스트에서와는 전혀 다른 행동을 할 수도 있다. 다혈질의 성격을 가진 사람이라고 해서 언제나 불같이 화를 내는 것은 아니다. 오히려 자신의 그러한 기질을 알고 있기 때문에 다른 사람보다 자제하기 위해 더 많은 노력을 할 수도 있다. 질투심이 강하다고 해서 반드시 그렇게 행동하지는 않는다.

어찌 생각하면 질투심이 강한 사람은 나쁜 사람처럼 보인다. 자기는 물론이고 상대방도 못살게 굴기 때문이다. 의심과 질투를 당할 장사는 세상에 없다. 질투가 심한 사람은 직접 두 눈으로 연인의 결백을 확인하지 못하면 안심하지 못한다. 머리로는 회사에서 야근한다는 것을 잘 알고 있으면서도 감정적으로는 의심이 가라앉지 않기 때문에 그런 불안한 마음을 달래기 위해서 시도 때도 없이 전화하며 괴롭힐 수가 있다. 사랑을 창살 없는 감옥으로 만들어 놓는 것이다. 그러나 질투가 무조건적으로 나쁘다고 말할 수는 없다. 의처증이나 의부증과 같은 병적 증상과 질투는 서로 다르다. 질투는 애정과 관심의 표현이다. 무관심보다는 백배 천배 낫다. 〈질투는 나의 힘〉이라는 영화 제목도 괜히 나온 것이 아니다. 질투는 엄연히 하나의 에너지이다. 자칫하면 꺼지기 쉬운 사랑의 불길을 유지하기 위해 이 에너지를 잘 사용하면 질투는 사랑의 묘약이 될 수도 있다.

시기는
악마의 눈길이다

시기에 대해서 굳이 따로 설명하지 않아도 되리라고 생각한다. 좋아하는 대상에 대한 감정의 방향이 반대라는 사실을 제외하면 그것의 내용은 동일하기 때문이다. 가진 것을 뺏길지 모른다는 불안감과 뺏기지 않으려는 마음이 결합된 것이 '질투'라면 '시기'는 없는 것을 가지고 싶은 욕망에서 발생한다. 질투와 마찬가지로 시기심도 개인마다 편차가 크다. 특히 '상대적 빈곤'이라는 개념만큼 시기심 편차를 잘 보여주는 말도 없을 것이다. 내가아무런 부족함 없이 행복하게 살고 있다고 하자. 그런데 나보다돈도 많고 더 좋은 자동차를 가진 이웃이 있다고 하자. 이때 나는세상에는 부자도 많다고 생각하면서 마음을 넉넉하게 가질 수 있다. 그러나 그의 재산과 나의 것을 비교하는 순간 나는 시기와 불행에 오염되기 시작한다. 그동안 만족하며 잘 타고 다녔던 자동

차도 이웃의 BMW 옆에 있으면 너무나 초라하게 보인다. 그의 아내도 나의 아내보다 더 아름답게 보인다. 이렇게 하나하나 비교하다 보면 나중에는 자신이 시기심의 덩어리가 되어버린다.

앞서 질투에는 반의어가 없다고 말했다. 그러나 시기심에는 분명한 반의어가 있다. '가지고 있는 것으로 충분하다'는 만족감, 안분지족安分知足이 그것이다. 내가 먹고 마시는 것으로 만족하면 되는 것이다. 시기심의 눈으로 비교하면 남의 떡이 자기 것보다 더 크게 보인다. 어리석게도 자기 것은 작게 만들고, 남의 것은 크게 부풀려놓는 것이다.

질투 테스트를 했듯이 이제 여러분의 시기심을 측정해 보기로 하자. 다음의 상황에서 여러분은 어떠한 행동을 할 것인가?

〈시기심 테스트〉

Q. 어느 날 쇼핑하러 백화점에 갔는데 경품 추첨 행사가 열리고 있었다. 그냥 재미로 응모한 것이 운 좋게 당첨되어 선물을 받게 되었다. 그런데 기쁨은 한순간에 지나지 않았다. 다음 사람이 받은 선물이 내 것보다 훨씬 좋아 보이기 때문이었다. 이때 당신은 어떻게 하겠는가?

① 그 선물을 받은 사람에게 자기 것과 바꿔 줄 수 있는지 물어본다.
② 행사를 진행하는 담당자에게 가서 다른 선물로 바꿔 달라고 얘기한다.
③ 아쉽기는 하지만 어쩌랴, 당첨된 상품으로 만족한다.
④ 갖고 싶은 선물을 돈을 주고 구입한다.

이 질문의 주인공은 기대하지 않았던 상품을 운이 좋아서 받게 되었다. 자기의 번호가 당첨된 순간의 기쁨은 이루 말할 수 없었을 것이다. 운 좋은 사람은 하는 일마다 복이 따른다는 말도 있지 않은가. 그런데 옆 사람이 받은 상품을 보자마자 마음이 바뀐다. 남의 떡처럼 그것이 자기 것보다 좋아 보이는 것이다. 시기심이 생기는 순간은 불행한 순간이 된다. 자기의 경품이 값어치 없게 느껴지기 때문이다. 『코란』에는 시기심을 경계하는 경구가 있다. "질투를 피하라. 불길이 장작을 삼키듯이 질투는 좋은 것을 삼켜버린다." 남의 것이 더 좋게 느껴질 수는 있다. 그러나 그렇게 느끼는 것과 행동하는 것은 동일하지 않다. ③처럼 아쉽지만 가진 것으로 만족할 수 있다. 그러나 가지지 못한 것에 대한 욕심이 깊이 뿌리를 내리면 생각만으로 그치지 않게 될 수 있다.

최근에 중국에서 우리나라 영화 〈미녀는 괴로워〉의 비극적 반전처럼 보이는 사건이 발생했다. 후와 티엔이라는 두 여성은 5년 전에 만났는데, 서로 마음이 맞아 생활비를 아낄 겸 한집에서 같이 살게 되었다. 그런데 티엔이 성형수술을 받은 것이 사건의 발단이었다. 성형에 성공한 티엔이 연예인 못지않게 아름다워진 것이다. 후는 예전과 다름없는 자신과 달리 갑자기 아름다워진 친구를 보자 시기심에 발동이 걸렸다. 못 먹는 감에 침이라도 뱉는다고 하지 않았던가. 홧김에 그녀는 친구를 폭행했던 것이다. 이처럼은 아니지만 출세한 친구를 시기하는 사람들은 흔하게 볼 수 있다. 이런 사람들은 친구의 불행에 오히려 기뻐한다. 친구의 불행이 나의 기쁨이 되는 것이다. 마틴 에이미스 Martin Amis의 소설 『돈 또는 한 남자의 자살 노트』의 주인공이 그렇다. 그는 자기보다 훨씬 잘나가던 친구가 파산하자 다음과 같이 말한다. "나는 오래된 절친한 친구에게 그렇게 심각한 문제가 생겼다는 사실만으로 큰 기쁨을 느꼈다. 그럼, 자신의 동료가 그렇게 몰락하는 것은 아주 좋은 일이다. 여러분은 그게 어떤 기분인지 아시는지? 정말 짜릿하다. 그렇지 않은가. 기뻐하는 자신의 모습에 부끄러운 생각이 들 수도 있지만 그건 부끄러워할 일이 아니다."

시기가 심한 사람들은 남이 잘못되고 망가지는 사실에서 만족감을 느낀다. 자기에게 오는 이익이 하나도 없어도 좋다. 단지 상대방이 불행해지는 것만으로도 충분하다. 지금까지 부러워했던 부자 친구가 쫄딱 망하면 좋고, 부러워했던 친구의 아름다운 얼굴이 화상으로 만신창이 되어도 좋다. 결혼해서 행복하게 사는 친구가 이혼하면 좋고, 공부 잘하는 친구가 일류대에 입학하지 못하면 좋다. 이와 같이 친구가 불행해지면 자기가 덤으로 행복해진다고 느끼는 심리가 시기심이다. 심지어 다음과 같은 사건도 있었다. 2003년 12월에 서울 송파구의 한 아파트에서 일가족이 숨진 채로 발견되었다. 31살의 젊은 새댁과 세 살배기 아

들, 아직 젖도 떼지 못한 딸아이가 잔인하게 살해되었다. 뜻밖에
도 범인은 피해자의 이웃, 그것도 그녀와 절친한 여고 동창으로
밝혀졌다. 나중에 경찰 조사를 받던 가해자는 "세상은 불공평하
다"라는 말을 입버릇처럼 했다고 한다. 자기는 직장도 없고 결혼
도 못했는데 친구는 결혼해서 행복하게 사는 세상이 너무나 불
공평하다는 원망이었다. 자기가 가지지 못한 것을 친구가 가지
고 있으면 그만큼 원통하고 억울하게 느꼈던 것이다. 악마의 심
리가 그러할 것이다. 세상을 생지옥으로 만드는 것이다.

질투는
나의 힘이다

행복하게 살고 싶지 않은 사람은 세상에 없다. 그리고 사랑만큼 우리를 행복하게 해주는 것도 이 세상에는 없다. 청마 유치환은 「사랑」이라는 시에서 "이것이 이 세상 마지막 인사가 될지라도 사랑하였으므로 나는 진정 행복하였네"라고 읊었다. 그리고 "사랑하는 것은 사랑을 받느니보다 행복하나니라"라고 고백하였다. 사랑하고 또 사랑받을 수 있다면 얼마나 좋겠는가. 그러나 가슴 아픈 짝사랑이라고 하더라도 사랑이 없는 것보다는 사랑이 있는 삶이 훨씬 낫다.

우리는 사랑이 없는 세상을 상상할 수 없듯이 질투가 없는 세상도 상상할 수 없다. 사랑이 있는 곳에는 언제나 질투도 함께한다. 그래서 질투는 안방극장의 단골 메뉴이기도 하다. 한편에는 사랑을 계속 유지하고 지키려는 사람이 있는가 하면 다른 한편에는 그것을 호시탐탐 노리는 사람도 있다. 질투하는 사람이 있는가 하면 시기하는 사람도 있다. 이처럼 질투와 시기는 삼각관계에서 발생한다.

꺼야 하는데,
꺼지지 않는 마음

질투하는 마음이 없는 사람은 없을 것이다. 때문에 질투는 그 자체로는 나쁘지 않다. 오히려 그것은 사랑을 자극하는 감초가 될 수 있다. 질투의 미풍이 불어오지 않으면 사랑은 금방 시들어 버릴 수도 있다. 질투가 고맙게도 사랑에 활력을 불어넣을 수 있는 것이다. 그러나 그것이 미풍이 아니라 폭풍으로 불어오면 사랑은 흔들리기만 하는 것이 아니라 가지와 줄기가 꺾이고 뿌리까지 뽑힌다.

과도하지 않은 질투는 밋밋할 수 있는 사랑에 다채로운 무늬를 입히고 모양을 만들어준다. 애인을 다른 사람에게 빼앗길까 불안해하는 사람은 사랑을 잃지 않기 위해서 더욱 상대에게 정성과 애정을 기울인다. 사랑에 안주하는 것이 아니라 언제나 긴장된 자세를 잃지 않는 것이다. 그러나 과도한 질투는 사랑이 아니라 소유욕에 가깝다. 애인을 손 안에 꽉 쥐고서 놓지 않기 위해 꼼짝달싹하지 못하도록 구속하는 것이다. 그러면 자발적이어야 할 사랑은 강요와 강제가 되어버린다. 사랑이란 이름으로 연인을 감옥에 가두는 것이다.

질투와 달리 시기심은 사촌이 땅을 사면 배가 아픈 감정이다. 이것은 이기적인 감정이다. 사랑하고 행복한 사람을 보면 함께 기뻐하는 것이 아니라 불행한 자신의 모습이 먼저 떠오르고, 세상의 불공평함을 원망하게 된다. 그렇다면 시기심이 원하는 세상은 어떤 세상일까? 그것은 모두가 자기처럼 불행해지는 세상,

하향 평준화된 세상이다. 빛이 아니라 어둠의 왕국을, 사랑이 아니라 미움과 증오의 왕국을 꿈꾸는 것이다. 이러한 이유로 우리는 자신의 마음에서 시기의 감정이 자라도록 방치해두면 안 된다. 사랑하는 커플을 보고 부러운 생각이 들면 시선을 다른 곳으로 돌려버려야 한다. 타인에 대한 관심을 자기에 대한 관심으로 돌려야 한다.

사랑은 야생의 들꽃일 수도, 잘 가꾼 정원의 꽃나무일 수도 있다. 그러나 정확하게 말해서 문명의 손길이 닿지 않은 야생의 사랑은 없다. 다시 말해 야생의 식물처럼 신경도 쓰지 않고 그대로 방치해둬도 저절로 아름답게 성숙하는 사랑은 없다. 이 점에서 사랑은 연인이 공동 작업하는 예술작품에 가깝다. 이때 질투는 사랑을 작품으로 완성하기 위해서 사용하는 재료의 하나이다. 물론 시기도 재료가 될 수 있다. 그러나 잘못 사용하면 작품 전체를 망쳐버리는 위험한 재료이다.

기형도의 「질투는 나의 힘」의 한 구절을 인용하는 것으로 이 글을 맺는다. 이 시에서 질투를 나는 시기심으로 이해하였다.

　　살아온 날들을 신기하게 세어보았으니
　　그 누구도 나를 두려워하지 않았으니
　　내 희망의 내용은 질투뿐이었구나
　　그리하여 나는 우선 여기에 짧은 글을 남겨둔다

나의 생은 미친 듯이 사랑을 찾아 헤매었으나

단 한 번도 스스로를 사랑하지 않았노라

대개의 연애는 이별로 끝난다.

특히 젊은 날의 연애는 더욱 그렇다.

그러니까 지금 실연을 당해 고통을 겪고 있는 청춘들은

그 지옥 같은 고통을 즐기는 것도 그리 나쁜 것만은 아니다.

지옥 같은 시절을 보내고 나면 삶과 사랑의 다른 모습이 보일 테니까.

Part 5

모든 이별은
아프다

서윤호

내 사랑을 찾습니다
I'm Looking For My Love

쉬운 이별은
없다

쿨한 사랑이 유행하는 시대다. 쉽게 만나 급속히 가까워지고 그러다가 함께 있는 시간이 무료해지면 깔끔하게 제 갈 길을 간다. 만날 사람은 얼마든지 있으니 뒤도 돌아보지 않고 다른 사람을 찾아 떠난다. 사랑이 쿨한 만큼 이별도 깔끔하다. 더 이상 나 싫다는 사람 붙들고 울며불며 매달리지 않는다. 가슴이 미어지는 고통도 없다. 그러나 정녕 그럴까? 젊은이들의 새로운 사랑과 이별 방식을 구세대들이 제대로 이해하지 못하고 곡해하며 그렇게 몰아세우는 건 아닐까?

어떤 이별도 쉬운 이별은 없다. 만약 말처럼 이별이 그리 쉽다면, 우리는 그것이 과연 사랑이었는지 되물어봐야 한다. 이별이 아프다는 건 그만큼 사랑이 존재했다는 것에 대한 반증이리라. 이별이 고통스러운 것은 그만큼 진정한 관계를 위해 최선을 다했다는 표시이다. 사랑이 우리에게 결코 쉬운 일이 아니듯, 이별도 또한 그러하다. 아니 이별은 훨씬 더 어려운 일이다. 난데없이 불쑥 사랑이 우리 앞에 다가설 때 우리는 완전히 속수무책과 무방비의 상태가 된다. 그런데 난데없이 불쑥 이별이 우리에게 다가온 경우에는 그야말로 우리는 황량한 사막 한가운데 덩그러니 내버려졌거나 아니면 천 길 낭떠러지 벼랑 끝에 아슬아슬하게 매달린 느낌이다.

사랑과 이별은 모두 일상의 삶을 온통 뒤흔들고 우리의 영혼과 감각을 마비시킨다. 사랑과 이별은 예측할 수 없는 어떤 무엇이고 통제할 수 없는 어떤 무엇이다. 우리는 더 이상 스스로 결정할 수 없고 온전히 우연에 자신이 내맡겨 있음을 느낀다. 천국과 지옥을 오가며 열뜬 집착과 열정에 함몰된다. 사랑과 이별의 본래 모습은 실상 이렇게 잔인하다. 사랑은 그래도 함께하는 두 사람에게 공통된 어떤 무엇으로 존재하지만, 이별은 그 둘을 묶어주는 공통성과 연대성과 친밀성이 사라지는 것이다. 그러니까 상호 인정과 연대의 터 위에 굳건하게 서 있던 둘의 관계가 속절없이 무너져 내리는 게 바로 이별이다. 게다가 이별은 두 사람에게 각자 다르게 나타난다. 물론 사랑도 두 사람이 서로 달리 경험한다. 그러나 이별의 경우에는 두 사람 사이의 공통성과 연대성이 사라진 상황이라 더욱 강렬하게 그 차이가 드러나게 된다. 이 점이 바로 사랑보다 이별을 마주할 때 우리가 더 곤혹스러움에 빠지게 되는 까닭이다. 이렇게 이별은 누가 경험하든 집요하고 비참하다.

보통 우리는 사랑에는 커다란 관심을 보이지만 이별에 대해서는 그렇지 않다. 사랑은 대체로 요란한 축하를 받지만, 이별은 그렇지 못하다. 철저하게 혼자서 치러내야 하는 이별은 정말 곤혹스럽고 피하고 싶은 일일 수밖에 없다. 이미 여러 번의 이별을 경험했다 해도 여전히 이별 앞에서는 처음처럼 안절부절못할 수밖에 없다. 이별은 저 혼자 횃불처럼 활활 타오르기도 하고 또 한편으로는 얼음장처럼 한없이 차갑기도 하다. 각자가 겪는 이별은 하나의 모습으로 자기 모습을 드러내지 않는다. 사랑이 사람마다 모두 다른 형태로 이루어져 있듯이 이별도 사랑에 따라 달라질 수밖에 없다. 두 사람 사이의 친밀감이 사라지고 이별이 다가올 때 친밀감을 다시 회복하는 일은 불가능하다. 사랑의 끝에서 이별을 맞는 자들은 어느 누구의 도움도 받을 수 없고, 철저하게 사적인 고립무원의 영역 속에 은폐된다. 이별은 끝없는 내면의 심연으로 한 영혼을 끌고 들어간다.

우리는 이별을 흔히 실패한 사랑, 사랑의 영원성과 완전성이 훼손된 사건으로 받아들인다. 이런 일반적인 이해는 과연 문제가 없을까? 도대체 우리는 이별이라는 실존적 사건을 어떻게 맞아야 할까? 사랑의 시작과 마찬가지로 이별도 납득할 만한 까닭을 찾기가 쉽지 않다. 우리가 이별 앞에서 이렇게 곤혹스러운 까닭은 사랑의 본질이 가지고 있는 격정이 사랑의 종말에서도 그대로 나타나기 때문이다. 이별은 사랑만큼 우리의 온몸을 다 데게 하고 오장육부를 다 불태운다. 이러한 이별의 격정을 잘 보여주는 것은 이별 폭력이다. 근래에 커다란 사회적 문제가 되고 있는 이별 폭력은 이러한 사랑과 이별의 본질과 관련된다. 그러나 이별이 아프고 고통스럽다고 그 아픔과 고통을 아무렇게나 발산할 수는 없는 노릇이다. 아무리 이별이 힘겹다 해도 우리는 이별을 제대로 마주하는 능력을 배워야 한다.

그렇다. 모든 이별은 아프다. 이 아픔과 고통을 어떻게 달랠 것인가? 깨질 거라고 상상조차 하지 못했던 연애는 도대체 왜 깨질까? 껌딱지처럼 죽자 살자 붙어 다니던 사람들이 무슨 연유로 관계를 끝장내는 것일까? 대부분의 커플들은 헤어지는 시점에서 둘 다 자연스럽게 관계를 정리하는 것이 아니라, 어느 한쪽이 먼저 헤어질 것을 강하게 요구해서 결국 그들의 연애 관계가 파국을 향해 흘러가게 된다. 이른바 차고 차이는 관계가 그것이다. 이런 연애와 실연의 모습은 바뀔 수 없는 걸까? 도대체 영원할 것 같은 연애는 어떻게 파국에 이르는가? 여기에서는 이별 후 사람들이 보이는 다양한 모습을 통해 그리고 이별에서 드러나는 권력관계에 대한 성찰을 통해 이별이 우리에게 고통을 넘어 무엇을 더 줄 수 있는지 살펴보고자 한다.

나는 어떤 이별을
하고 있나

　우리가 경험하는 이별의 형태는 정말 다양하다. 그중 실연은 이별의 전형적인 형태를 이룬다. 실연의 경험은 사람마다 다르다. 어떤 실연의 경험은 오히려 추억과 성숙의 기회가 되기도 한다. 그러나 모든 실연의 경험이 그렇게 아름답게 그려질 수는 없다. 실연당한 사람들이 보이는 반응은 정말 천차만별이다. 여기에서는 다양한 이별의 모습들 중에서 피해야 할 두 이별의 예를 살펴보고자 한다. 하나는 이별 폭력과 같이 자기감정에 휘둘리는 '못난 이별'이고, 다른 하나는 여전히 과거의 미련에 사로잡혀 제대로 이별을 하지 못하는 '지질한 이별'이다.

　먼저 서두에서도 잠시 언급한 바 있듯이 요즘 특히 문제가 되고 있는 이별 폭력은 못난 이별의 전형적인 경우이다. 이별 폭력은 마치 자신의 뜨거운 사랑을 뒤늦게라도 입증하겠노라고 너 죽고 나 죽자는 식으로 폭력적인 형태를 띤다. 이와 같이 자기감정에 휩싸여 이별의 고통을 견디지 못하고 사랑했던 상대방에게 무자비하게 고통을 떠넘기는 이별 폭력은 우리 사회의 왜곡된 사랑과 이별의 단면을 여실히 보여주는 것이기도 하다. 본디 사랑과 폭력은 서로 어울리기 힘든 개념이다. 사랑하는 사람에게 폭력을 휘두른다는 것은 정상적인 경우에는 생각하기 어렵다. 상대를 애정으로 보살피고 배려하는 마음이 사랑의 토대가 아닌가?

최근 언론에서 보도되고 있는 것처럼 우리나라에서 이별 폭력을 포함한 데이트 폭력에 관한 실태는 정말 심각한 상황에 처해 있다.[1] 데이트 상대로부터 성폭력을 비롯한 폭행 피해를 입은 사람이 연평균 7천 명에 달하고, 이로 인해 목숨을 잃은 사람도 상당수에 달한다. 데이트 폭력에서 가장 심각한 경우가 바로 이별 폭력이다. 이별 폭력은 극단적인 경우 살인까지 불러일으킨다. 그런데 우리 사회에서 이별 폭력의 실제 사례를 잘 들여다보면 한 가지 흥미로운 사실을 알 수 있다. 살인까지 일삼는 이별 폭력은 중년 이상의 연령대에게서 많이 나타난다는 점이다. 아마도 서로 간에 쌓인 오랜 시간의 흔적과 또 그들 세대에 형성된 왜곡된 사랑의 관념에 그 원인이 있지 않을까 싶다.

그동안 우리 사회는 이별 폭력과 데이트 폭력을 연인들 사이

---

1. 데이트 폭력에 관한 자료는 다음을 참조. 몸문화연구소 편, 『성·사랑·폭력』, 쿠북, 2016, 113쪽 이하.

의 사적 문제로 간주해서 진지하게 풀어야 할 사회적 문제로 다루지 않았다. 이별 폭력이 도를 넘는 경우에도 연인 간에 발생한 문제라고 해서 되도록 간섭을 하지 않는 편이었다. 그러나 이제는 이별 폭력에 대한 사회적 관심도 부쩍 커지고 경찰의 대응도 기존의 소극적 태도와는 사뭇 다른 변화를 보이고 있다. 더 이상 폭력의 방식으로 이별 문제에 대응하는 것은 사회적으로 용납되기 어렵다. 실연과 이별의 고통을 폭력적으로 상대방에게 전가하는 것은 이별보다 더 잔인하게 그들의 사랑을 스스로 짓밟는 셈이다. 그런다고 이미 식어버린 그들의 사랑이 다시 뜨거워질 리 만무하다. 이런 폭력적인 방식의 이별은 어떤 경우에도 절대 되풀이되어서는 안 된다. 그건 범죄의 영역이다. 또 이별의 상황이 아니라 연인들 간 데이트에 있어서도 어느 일방이 상대방에게 유형 또는 무형의 폭력을 행사하는 것은 이제 더 이상 법으로부터 자유롭지 않다. 앞에서 언급했듯이 사랑과 폭력은 서로 어울리는 개념이 아니다. 폭력은 어떤 경우에도 사랑의 이름으로 정당화되지 않는다.

피해야 할 이별의 또 다른 형태로는 이른바 지질한 이별을 들수 있다. 이는 실연 후 가장 흔히 나타나는 행동 유형이라고 할수 있다. 지질한 이별은 과거의 사랑에 지나친 미련을 보이는 것이다. 미련이란 헤어진 것을 한탄할 뿐만 아니라, 헤어졌음에도 불구하고 상대에 대한 정이 사라지지 않고 강렬하게 남아 있는 상태를 말한다. 헤어진 상대와 다시 만나 이야기를 나누다 보면 언제 그랬냐는 듯 좋았던 시절로 다시 되돌아갈 수도 있을 것 같고, 상대의 마음이 변해 다시 자기를 찾아올 것 같은 착각에 빠지기도 한다. 하지만 이는 자기중심적인 생각에 지나지 않는 것이고 한낱 부질없는 일이다. 이와 같이 지나친 미련에 사로잡힌 사람들은 근거 없는 희망적 관측으로 자신만의 상상의 나래를 편다. 그러나 한번 깨진 연애 관계가 다시 회복되기란 결코 쉽지 않다. 미련에 사로잡힌 사람들은 자기 스스로 쌓아올린 환상의 벽을 허물지 못한다. 이는 스스로 고통의 시간을 연장할 뿐이다. 물론 우리는 그 사람이 빠져 있는 고통을 충분히 이해할 수 있다. 또 그 사람의 사랑에 대한 충실성을 인정할 수 있다. 그러나 지질한 이별은 이별이 우리에게 가져다주는 또 다른 가능성을 한사코 거부하는 태도이다. 이별의 슬픔을 짠하게 노래한 김소월의 「진달래꽃」도 이제는 새로운 시각으로 읽어야 하지 않을까?

그 밖에 헤어진 상대방을 뒤에서 비난하고 저주하는 행동 유형도 있다. 이는 적개심을 통해 떠나간 상대방에 대한 환멸감을 느낌으로써 실연의 고통에서 벗어나려는 처절한 몸부림이다. 또 상대방을 의식적으로 피한다든지, 사진이나 편지와 같이 두 사람의 연애 시절을 생각나게 할 수 있는 것들을 태운다든지 찢어버리는 등의 행동을 하는 유형도 많다. 한 번씩 떠오르는 연애 시절과 상대방에 대한 생각을 의식적으로 머릿속에서 몰아내고

자 애를 쓴다거나 스포츠나 레저 등 다른 활동에 몰입함으로써 실연의 고통을 잊는 경우도 있다. 자기가 통제할 수 없는 상황에서는 도피하는 것도 하나의 방법이 된다. 이별의 슬픔을 극복하기 위해 다른 사람과의 만남을 시도하는 경우도 있다. 다른 사람과 만남으로써 떠나간 사람을 잠시 잊을 수 있을 것이다. 그러나 분명한 것은 추억이 완전히 정리되지 않은 단계에서 다른 사람과의 만남을 시도하는 것은 바람직하지 않다. 추억이 충분히 정리되지 않은 상태에서는 새로운 상대보다 떠나간 상대방에 대한 매력을 확인하고 더 강화시키는 경우가 많기 때문이다.

이별을 긍정적으로 받아들이는 경우도 있다. 영화 〈라라랜드〉는 좋은 이별의 한 예를 보여준다. 나의 성장을 위해 이별이 필요하다고 느끼거나 지금의 연애가 계속되는 경우 서로가 더 불행해진다면 이별이 긍정적으로 받아들여질 수도 있을 것이다. 실연의 상황에서는 스스로 할 수 있는 일이 매우 제한적이다. 슬픔을 견뎌내는 것 이외에 스스로 할 수 있는 게 별로 없다. 관계를 회복하려고 해도 중요한 것은 상대방의 마음이지 내 마음이 아니다. 특히 차인 경우에는 내가 원한다고 해도 결코 관계를 회복할 수 없다. 나의 의지에 따라 상황이 전혀 달라지지 않는 경우, 미련 등의 방식은 실연의 고통만 가중시킬 뿐 실연을 극복하는 데 전혀 도움이 되지 않는다. 오히려 시간만 늘려 더 오랫동안 고통 속에 머물게 된다. 과거의 추억을 깔끔하게 마무리한 후 실연을 긍정적으로 받아들이고 새로운 연인을 찾는다든지 자신이 몰두할 일을 찾아 정열을 쏟는 것이 그나마 실연 극복에 도움이 될 것이다.

다양한 형태의 이별에서 내가 처한 이별은 어떤 모습일까? 어떤 이별도 쉬운 이별은 없다. 그렇지만 수많은 이별의 모습 중 어리석은 이별의 모습이 무엇인지는 짐작할 수 있을 것이다. 어떤 경우에도 폭력적인 이별은 피해야 한다. 또 지나친 미련을 보이는 이별의 태도도 피해야 한다. 그저 이별이 우리에게 요구하는 인고의 시간들을 묵묵히 견뎌낼 도리밖에 없다. 말 그대로 세월이 약이다. 그게 이별이다.

차느냐 차이느냐
그것이 문제로다

    앞에서 살펴본 바와 같이 실연의 모습이 아무리 다양하다고 해도 결국 실연과 이별에서 모든 문제는 차고 차이는 관계로 집약된다. 여기에서는 권력관계가 전면에 나타난다. 권력이라는 단어는 흔히 정치적 상황에 많이 쓰이지만, 잘 살펴보면 우리의 일상적 삶을 가로지르는 모든 관계에 권력의 작동이 미치지 않는 곳이 없다. 어느 순간이라도 관계의 단면을 잘라서 들여다보면 권력의 양이 서로 동등할 때는 매우 드물다. 이별의 상황은 그야말로 사적인 관계에서 권력의 작용을 가장 크게 실감할 수 있는 실로 비극적인 상황이다.

    이른바 찼느냐 차였느냐의 여부에 따라 각자에게 나타나는 이별의 양상은 다르다. 그래서인지 우리는 흔히 친한 친구가 이별을 하게 되었을 때 "너 찼냐? 차였냐?"라고 묻는다. 찼는가 차였는가가 마치 천국과 지옥을 가르는 기준이라도 되는 듯 말이다. 게다가 자신이 먼저 찼다는 것을 자랑인 듯 떠벌리고 다니는 친구들도 있다. 이렇듯 찼느냐 차였느냐 하는 말은 이별에 나타나는 권력관계의 다른 모습에 지나지 않는다.

모든 권력관계는 언제나 비판적 분석을 요구한다. 이런 분석은 우리 삶을 되돌아보게 해주는 중요한 계기를 마련한다. 좀 더 냉정한 시선으로, 그래서 오히려 더 따뜻한 시선으로 우리의 삶을 되돌아볼 수 있게 해준다. 이와 같이 이별의 권력관계를 비판적으로 진지하게 성찰하게 되면, 찼느냐 혹은 차였느냐 하는 말이 쉽게 내뱉을 성질의 것이 아님을 알게 된다. 그 결과 비로소 자기가 먼저 찼다고 떠벌리고 다니는 사람들은 자신이 얼마나 부당한 권력을 상대방에게 행사했는지를 반성할 수 있게 된다. 칼로 흥한 자는 결국 칼로 망하리라. 남을 울리고 다닌 바람둥이는 언젠가 자신도 그렇게 가슴 아프게 울게 되리라. 그러나 드라마 속에서 단골로 등장하는 이런 교훈을 여기에서 굳이 끌어들이고자 하는 게 아니다. 차고 차이는 권력관계에서 우리가 무엇을 배울 수 있는지 알기 위해서는 그 관계에서 어떠한 비대칭성이 나타나는지 차분하고 냉정하게 들여다볼 필요가 있다.

먼저 헤어지자고 말하는 사람, 즉 차는 사람과 이별을 통고받은 차인 사람은 헤어지고 난 후 감정과 행동에 큰 차이가 있다.[2] 찬 사람과 차인 사람의 감정과 행동의 차이는 어떻게 나타나는가?

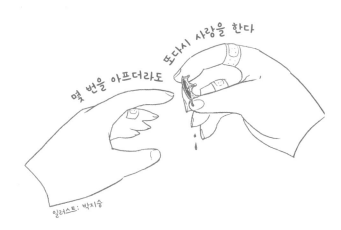

일러스트: 박지승

2. 찬 사람과 차인 사람의 감정과 행동의 차이를 설문조사 결과를 통해 잘 보여주는 자료로 다음을 참조했다. 이철우, 『심리학이 연애를 말하다』, 북로드, 2008, 220쪽 이하.

차인 사람의 경우는 대부분 지옥에서 벗어나지 못한다. 차인 사람이 보이는 두드러진 반응은 슬프다, 괴롭다, 상대방을 잊지 못한다, 이별이 자기 탓이 아닌지 반성한다 등으로 나타난다. 또한 이별이 이미 현실임을 깨닫고 슬픔을 잊어보려고 다른 일에 몰두하는가 하면, 모든 일에 의욕을 잃고 멍하게 지내는 사람도 상당하다. 이러한 의욕 상실은 식욕이 없어지고 제대로 잠을 이루지 못하는 생리적인 반응으로 이어지기도 한다. 이별했다는 사실이 믿어지지 않는다는 사람도 적지 않다. 눈앞의 이별은 현실이 아니라는 생각에 자주 데이트했던 장소를 찾아가거나, 상대방의 집 주위를 배회하는 경우도 있다. 안타깝게도 차인 사람들의 절반 이상이 헤어진 뒤에도 상대를 사랑하고 있다고 한다. 사랑하지만 만날 수 없는 현실은 고통이다. 목소리라도 들어보려고 전화를 해보지만 부질없는 일이다. 요즘에는 상대방의 SNS를 기웃거리는 사람도 늘어나고 있다.

차인 쪽에 비해 찬 쪽은 상황이 훨씬 낫다. 슬프다는 반응을 보이는 사람은 차인 쪽에 비해 3분의 1에 지나지 않는다. 상대를 잊지 못하는 사람들도 있지만 이 역시 차인 쪽의 3분의 1 수준에 불과하다. 자신이 먼저 차고서도 이별이 믿어지지 않는다든지, 상대방 집 주위를 배회하는 경우와 같이 별난 반응도 간혹 있다. 물론 차는 사람도 속내가 편안하지는 않을 것이다. 핑계 없는 무덤 없듯이 이별을 고지하는 사람들도 끝없이 그 까닭을 펼칠 수 있을 것이다. 그러나 모든 것이 상호 관계 속에서 일어나는 일이기에 갑절 이상의 고통을 겪는 상대방 입장을 생각해봐야 한다.

이와 같이 차인 쪽과 찬 쪽의 반응은 현격한 차이를 보이고 있다. 일반적으로 차인 쪽이 경험하는 강요된 상실감은 심각한 심적 고통을 준다. 또한 미련을 갖게 되므로 차인 쪽은 실연의 상처에서 벗어나기 쉽지 않다. 그에 반해 찬 쪽은 심적 고통이 차인 쪽의 3분의 1 수준에 그치고 있는 것으로 파악된다. 이는 차인 쪽과 찬 쪽의 이해타산이 지나치게 불균형적으로 나타나고 있음을 보여준다. 그렇다고 차이기보다는 차는 편이 백배 낫다고 계산적으로 접근하는 게 현명한 일일까?

많은 연애상담심리학은 과감하게 이런 전략을 취할 것을 적극적으로 제시한다. 그러나 과연 그게 바람직한 전략일까? 우리의 삶에서 마주하게 되는 이별의 다양한 모습에서 우리는 이와 같이 끝없는 반복과 되풀이를 보게 된다. 이 사슬을 끊을 수는 없는 것일까? 이 사슬을 끊어버리려면 이별의 권력 관계를 잘 성찰함으로써 상처받는 쪽의 고통을 최소화하는 방식을 찾아야 한다.

이별을 고지하는 자든 이별을 감내하는 자든 이별에서 나타나는 권력의 작용을 제대로 알아야 이별이 불러오는 배신감과 원망, 그리고 죄책감으로부터 자기 자신을 온전히 지킬 수 있다. 관계는 무조건 낭만적이거나 평등한 것이 아님을 깨닫는 것이 필요하다. 관계 속에 작동하고 있는 권력 관계를 잘 파악하고 반성적으로 다룰 수 있어야 그 관계를 제대로 지속해나갈 수 있다. 그래야만 갑작스레 이별의 고지를 받아도 나 자신의 무력함에 오래 씁쓸해 하지 않고 금방 털고 일어날 수 있다. 더 많이 사랑하는 자가 약자라고 우리는 흔히 말한다. 그러나 약자가 되고 또 패자가 되면 어떤가? 약자이더라도 오히려 더 사랑할 수 있고 더 성숙해질 수 있다면, 시시각각 달라지는 권력 구도 속에서 여전히 사랑하고 있는 자기 자신을 지킬 수 있을 것이다.

사랑에서는 지는 것이 이기는 것이고 약해지는 것이 강해지는 것이라는 삶의 역설을 이해할 때, 우리는 이별을 순조롭게 마주할 수 있고 더 성장할 수 있을 것이다. 많은 사람들은 이별에서 나타나는 권력 관계를 어쩌면 자신에게 유리하게 충분히 활용하고자 할지도 모르겠다. 그러나 섣불리 이별 권력의 주도권을 장악하고자 도리어 최선을 다해야 할 사랑에 충실하지 못하는 우를 범해서는 안 될 일이다. 오히려 차이는 한이 있더라도 사랑에 최선을 다하는 것이 후회 없는 삶에 더 나을지도 모른다. 그건 아마도 젊음에게 인정되는 하나의 특권일지도 모른다. 비록 두렵고 아프더라도, 아니 오히려 그렇기에 더더욱 무모한 사랑의 용기를 내는 사람을 끊임없이 칭찬하게 되는 것일지도 모른다.

이별을
막을 수 있는가

　사람들은 자기 자신이 다른 사람과는 좀 다른 특별한 존재라고 생각한다. 그래서 드라마나 영화 속에서처럼 극적이지는 않더라도 자기가 겪는 연애나 실연은 보통 사람들의 그것과는 다르다고 생각한다. 하지만 실상 그 속내를 들여다보면 대개의 사람들은 비슷한 과정을 거쳐 연애하고 비슷한 단계를 거쳐 이별이라는 파국에 이른다.[3]

　연애 감정은 강한 흥분을 동반한다. 강렬한 감정인 만큼 쉽사리 차갑게 식기도 한다. 어떤 계기로든 흥분해 있던 감정이 식어버리면 자연스레 연애는 깨질 가능성이 커진다. 처음에는 잘 몰랐던 상대방의 관심이나 흥미도 시간이 지나다 보면 차차 그 실

---

3. 이별이라는 인류적 문제를 위한 '실연박물관'도 생겼다. 자세한 내용은 다음 책을 참조하자. 아라리오뮤지엄 편, 『실연의 박물관』, 아르테, 2016.

체를 알게 된다. 이때 자기와 상대방의 차이가 너무 크다는 것을 확인하게 되면 연애는 끝이 나기 쉽다.

연애는 상대방을 구속하는 동시에 상대방에게 구속당하는 상호적인 관계다. 사람들은 본래 혼자 자유롭게 지내고 싶은 자유 욕구가 있다. 이 자유 욕구가 침해당하고 있다는 생각이 들면 심리적으로 반발심이 생겨난다. 사소한 심리적 반발이 반복되다 보면 연애 감정 자체가 시들해질 수밖에 없다. 연애의 초기 단계에는 특별한 구속감을 느낄 겨를이 없다. 구속이라고 생각하기보다는 오히려 그것이 관심이고 사랑이라고 생각한다. 교제가 거듭되면서 상대방에게 지나치게 구속당하고 있다는 느낌을 받게 되면 답답하고 부담스러워지면서 자유에 대한 갈망이 생긴다. 이 상황이 되면 두 사람의 연애는 서서히 금이 가기 시작한다. 만약 실연과 이별을 막고자 한다면, 파국에 진입하기 전 단계에서 뭔가를 해야만 한다. 파국에 들어서고 나면 이를 수습하기가 쉽지 않다. 즉 고통스런 이별을 피하려면 사랑의 관계를 잘 유지해야 한다. 사랑은 상호 인정의 토대 위에 서 있다. 사랑의 관계가 깨어지면 이별은 피할 수 없는 길이다. 파국에 이르는 과정을 잘 알아야 아픈 이별을 피할 수 있다. 그렇다면 연애는 어떻게 파국에 이르게 되는가?

처음에는 마냥 좋기만 하던 사람과도 계속 함께 지내다 보면 불만이 생긴다. 사소한 불만도 계속 쌓이면 두 사람의 관계는 악화되기 쉽다. 게다가 이러한 불만들을 바로바로 해소하지 않으면 어느 순간 더 이상 참을 수 없는 단계에 이르게 된다. 이 단계에서 사람들은 연애 자체를 다시 생각하게 된다. 지금의 연애가 제대로 된 연애인가? 무엇 때문에 여기까지 이르게 되었는가? 그러나 이것으로는 아직 연애 관계가 파국에 이르지 않는다. 실제로 연애가 파국으로 치닫는 지점은, 이러한 이유나 원인을 찾는 것이 관계의 발전을 위해서가 아니라, 훗날 이별을 정당화할 수 있는 핑곗거리를 찾는 경우이다. 이러한 상황에 이르더라도 사람들은 상대방에게 직접 불만을 제기하지는 않는다. 그러나 행동이나 말투에서 은연중에 불만을 드러낸다. 친밀감을 보여주는 행동들은 눈에 띄게 줄어들고 대화도 건성으로 이루어진다. 만남의 횟수도 현격하게 줄어들고, 둘이 만나더라도 과거의 열렬했던 시절과는 사뭇 분위기가 달라진다. 눈치가 빠른 사람이라면 이러한 상황을 쉽게 알아차리겠지만, 평소 상대방에 대한 배려가 없고 자기 위주로 생각하던 사람은 이를 그대로 지나치기 쉽다. 연애가 파탄 나느냐 아니냐의 여부는 전적으로 이 단계에 달려 있다. 그래서 "있을 때 잘해!"라는 말이 있는 게 아닐까?

사태가 더 심각한 상태에 들어서면 상대방에게 직접적으로 불만을 이야기한다. 이 경우에는 상대방 역시 그동안 쌓아 두었던 불만을 노골적으로 터뜨리면서 싸움으로 발전하는 경우가 많다. 가는 말이 고와야 오는 말이 곱다는 말은 삶의 진리다. 일말의 사랑이라도 남아 있다면 상대방이 바뀌기를 바랄 수도 있을 것이다. 그러나 그동안 불만이 쌓이고 쌓인 상태라면 둘 사이의 이별은 서서히 현실로 다가오게 된다. 물론 아직 서로 타협점을 찾지 못한다고 해서 연애가 바로 끝나는 것은 아니다. 지금까지 공들였던 게 아까워서 혹은 미련 때문에 헤어지기를 주저하는 경우도 많다. 관계가 끝났다고 말은 하지만 마음속으로는 상대방이 내 뜻대로 변하거나 혹은 변하기 위해 노력함으로써 관계를 회복했으면 하는 바람이 아직 남아 있기 때문이다. 또 상대방이 이별에 동의하지 않는 경우 실제로는 이미 끝난 연애라 하더라도 형식적으로 관계를 유지하는 경우도 있을 수 있다. 물론 두 사람의 노력 여하에 따라 관계를 회복할 가능성도 있을 것이다. 하지만 대개의 경우는 상대방에 대한 신뢰가 이미 땅에 떨어진 상태라 웬만한 양보와 노력 없이는 더 이상 연애 관계를 유지하기 어렵다. 이제 연애의 종말을 먼저 고지하는 쪽이 앞으로 서로 어떻게 처신할지에 대해 이야기하고 상대방이 이를 받아들이도록 요구한다. 그와 함께 더 이상 만나지 않겠다는 선언과 결별 통고가 이루어진다. 이 지점에서 못난 이별이 많이 발생한다. 이별을 고하는 자는 이별도 사랑의 일부임을 상대방에게 잘 전달해야 할 것이다.

이제는 차고 차이는 이별이 가시화되면서 당사자들은 실연의 상황을 실감하게 된다. 두 사람은 실제로도 더 이상 만나지 않게 된다. 이별이 확실시되면 두 사람은 헤어졌다는 사실을 주위 사람들에게 공공연하게 밝힘으로써 연애의 종말을 기정사실화한다. 이후 각자는 독신이라는 사회적 지위를 회복하거나 다른 사람의 연인이 되기도 한다. 미련이 많은 사람들은 이 상황에서도 자신의 연애가 끝났음을 받아들이지 못한다. 특히 차인 쪽은 연애가 끝났음을 받아들이려 하지 않고, 시간이 지나면 다시 관계가 회복될지도 모른다는 헛된 희망과 미련에 사로잡혀 지내기도 한다. 앞에서 말한 지질한 이별의 모습이다. 그러나 야속하게도 한 가지 분명한 사실은 이 상황에 이르면 사랑이 회복될 가능성은 거의 없다는 점이다. 그들의 연애는 이미 파국을 맞은 셈이다.

이제는 한쪽이 실연을 받아들이든 말든 그들의 연애는 실질적으로 끝장났다. 이제 할 일은 이별을 제대로 마주하는 것뿐이다. 좋았던 시절의 기억과 감정을 정리할 필요가 있다. 함께 찍었던 사진, 서로 주고받았던 편지, 보관해두었던 이메일들을 정리할 필요가 있다. 실연의 고통을 벗어나기 위해 또 새로운 연인을 만나기 위해 과거의 흔적을 지우는 절차가 필요하다. 이것을 못하는 사람이 많다. 특히 찬 쪽이 아니라 차인 쪽의 사람들이 추억을 제대로 정리하지 못하고 오히려 추억에 사로잡혀 하루하루를 고통스럽게 보낸다. 떠난 사람이 돌아올지도 모른다는 생각에 편지나 사진을 정리하지도 못한다. 사람은 추억만 먹고 사는 존재가 아니다. 중요한 것은 다가올 앞날이다. 미래에 만날 사람을 위해서라도 과거의 추억을 말끔히 정리해야 한다. 다른 사람과의 추억을 계속 되뇌면서 새로운 사람과 만남을 시작하는 것은 본인에게도 상대방에게도 예의가 아니다. 과거의 추억이 제대로 정리되지 않은 상태에서 새로운 연인과의 만남을 시작하는 것은 결코 바람직하지 않다.

이별이
우리에게 주는 것

    시작이 있으면 끝이 있기 마련이고, 만남이 있으면 헤어짐이 따라오기 마련이다. 모든 만남에는 이별이 내재되어 있다. 만남과 이별을 통해 우리는 전과 다른 자신을 만나게 된다. 하지만 우리는 이별이 모든 것의 끝이라 생각하고 그것을 피하는 데에만 모든 노력을 다한다. 그러고는 이별이 불러온 부정적인 감정에 압도당해 그대로 얼어붙고 만다. 그러나 이별에는 부정적인 것만 들어 있는 게 아니다. 이별에는 온갖 것이 담겨져 있다. 이제껏 알지 못했던 것들이 감춰져 있다가 비로소 자기 모습을 드러낸다. 우리는 이별을 반드시 부정적인 것으로만 볼 필요가 없다. 이별을 겁내면서 도망 다니거나 수치심에 얼굴을 가려야 하는 것으로 생각할 필요가 없다. 이별은 사랑의 끝이기도 하지만 또한 사랑의 한 부분이기도 하다. 그러니까 이별은 사랑에 포함된 고통스러운 한 부분으로 받아들여야 한다.

이별은 평소에는 잘 생각하지 않던 '내가 어떤 존재인가'를 묻게 만든다. 이별 앞에서 홀로 된 순간 우리는 가장 치열하고 처절하게 자신의 삶과 욕망과 본질에 대해 숙고하게 된다. 바로 이러한 숙고가 이별이 우리에게 주는 아프지만 소중하고 가치 있는 선물이다. 이별은 이제까지 무심하게 지나쳤던 사랑의 세세한 부분들을 되돌아보게 한다. 가슴을 쥐어뜯는 고통을 치르면서 우리가 이별에서 아무것도 얻을 수 없다면 그야말로 안타까운 일이 아닐 수 없다. 이별은 그렇게 야속하지만은 않다. 이별의 고통이 더 성숙한 사랑으로 인도하리라는 확신이 이별의 순간에는 도저히 떠오르지 않겠지만, 그래도 그 믿음만이 이별의 고통을 넘어서도록 힘을 줄 것이다. 이별의 슬픔은 하루아침에 끝낼 수 있는 게 아니다. 못난 이별처럼 너 죽고 나 죽자고 요란을 떨 필요도 없다. 또 지질한 이별처럼 한사코 이별을 부정하면서 구차하게 매달릴 일도 아니다. 이별로 놀란 고통스러운 가슴을 쓸어내리고 잔잔하게 그 슬픔과 고통을 견뎌야 한다. 그렇다고 아무렇지 않은 듯 강한 척할 일도 아니다. 이별의 고통이 사라지는 데는 시간이 필요하다.

잘 이별해야 다음 만남도 제대로 할 수 있다. 그러므로 누군가와 이별을 할 때에는 그 이별의 방식이 상대방에게 주는 마지막 선물이라 생각하고 신중해야 한다. 이별은 이토록 중요함에도 사람들은 이별 앞에서 쉽게 비겁해지고 무례해지고 아이처럼 유치해진다. 그럼으로써 상대방은 물론 자기 자신에게도 커다란 상처를 준다. 모든 이별에는 깍듯한 예의가 필요하다. 이별을 통보하는 사람이든 이별을 통보받는 사람이든 모두 예의를 지켜야 한다. 이별에 대한 예의를 갖추려면 어른이 되지 않으면 안 된다. 단단한 결심과 용기로 아프지만 말해야 하고 또 아프지만 이를 받아들여야 한다. 이별 앞에서만큼은 누구나 어른이 되어야 한다. 또 이별은 오래간다. 의외로 이별은 정말 오래간다. 이 점을 명심한다면 이별을 소홀히 할 수 없다. 제대로 이별을 할 수 있다면 우리는 그만큼 성숙할 수 있을 것이다. 그러나 우리는 여전히 이별에 서툰 존재들이다. 그러니 서툰 이별을 용서하는 법도 배울 필요가 있다.

대개의 연애는 이별로 끝난다. 특히 젊은 날의 연애는 더욱 그렇다. 그러니까 지금 실연을 당해 고통을 겪고 있는 청춘들은 그 지옥 같은 고통을 즐기는 것도 그리 나쁜 것만은 아니다. 지옥 같은 시절을 보내고 나면 삶과 사랑의 다른 모습이 보일 테니까. 이별에 가슴 아파하는 청춘들에게 기꺼이 이형기 시인의 「낙화」를 들려주고 싶다. 이 시의 마지막 구절처럼 "샘터에 물 고인 듯 성숙하는 내 영혼의 슬픈 눈"으로 세상을 다시 한 번 사랑스럽게 응시할 수 있기를 빈다.

가야 할 때가 언제인가를

분명히 알고 가는 이의

뒷모습은 얼마나 아름다운가

봄 한철

격정을 인내한

나의 사랑은 지고 있다

분분한 낙화

결별이 이룩하는 축복에 싸여

지금은 가야할 때

무성한 녹음과 그리고

머지않아 열매 맺는

가을을 향하여

나의 청춘은 꽃답게 죽는다

헤어지자

섬세한 손길을 흔들며

하롱하롱 꽃잎이 지는 어느 날

나의 사랑 나의 결별

샘터에 물 고인 듯 성숙하는

내 영혼의 슬픈 눈

인생이 심어놓은 다양한 성숙의 재료들을 받아들여,

온전히 자기 것으로 소화하고, 마주치고, 성찰한 사람만이 어른이 된다.

그러므로 결론적으로 어른이 되는 것과 결혼은 별 상관이 없다.

정작 성숙할 줄 모르는 것은 결혼하지 않은 사람을 미성숙으로 낙인찍고

어른으로 대우하지 않는 우리 사회의 오래된 편견이다.

Part 6

비혼: 노처녀도, 골드미스도 아닌

최하영

내 사랑을 찾습니다
I'm Looking For My Love

미혼에서
비혼으로

불과 몇 년 전까지만 해도, 같이 살기는 하되 결혼 제도 안으로
는 편입되지 않는 삶의 형태인 '동거同居'가 사람들 입에 많이 오르
내리고, 사회적 논의의 대상이 되었다. '동거' 논의가 사회적 담론
의 수면으로 떠오른 것은, 개인과 개인의 결합의 의미보다 집안
과 집안이 엮이는 것에 방점이 찍히는 전통적 결혼 제도에 대한
불만과 저항의 맥락으로 볼 수 있을 것이다. 이제 한발 더 나아
가, 결혼하지 않는 삶 즉 '비혼'에 대한 논의가 여러 차원에서 대
두되는 것을 본다. 사회적 관심을 반영하듯 비혼을 다룬 책들도
제법 많이 출간되고 있는데, 누구에게도 간섭받지 않는 자유롭고
주체적인 삶으로 묘사하는 낙관적인 전망[1]에서부터 N포세대, 청

---

1. 박진아, 『싱글 앤드 시티: 더욱 당당하게, 더욱 쿨하게, 더욱 아름답게 살아가는 싱글법
   칙』(미네르바, 2010); 박진진, 『싱글, 오블라디 오블라다』(은행나무, 2009); 김용섭, 『완
   벽한 싱글: 이제껏 보지 못했던 가장 강력한 싱글이 온다』(부키, 2013) 등을 예로 들 수
   있다.

년백수, 헬조선 등과 연결 짓는 암울한 전망[2]에 이르기까지 그 스펙트럼이 극에서 극에 걸쳐져 있을 만큼 실로 다양하다.

그런데 결혼하지 않은 독신獨身의 상태 즉 싱글을 이르는 단어가 미혼未婚에서 비혼非婚으로 대체된 것은, ㅁ에서 ㅂ으로 자음 하나-그것도 매우 비슷한 양순음들끼리-의 변화에 불과하지만 의미 면에서는 거의 천동설에서 지동설로의 천지개벽, 즉 '코페르니쿠스적 전환'에 준하는 태도의 변화를 암시한다. 미혼의 '미'는 '아직 아니다'의 뜻으로, 언젠가는 결혼을 해야 한다는 방향성을 지시하면서, 동시에 아직 못하고 있다는 부정적 가치 판단을 드러낸다. '아닐 미'가 들어가는 다른 낱말들을 살펴보면 그 뉘앙스는 좀 더 분명해진다. 예를 들면 미망인未亡人, 미생未生, 미숙아未熟兒 등이다. 주지하다시피, 미망인은 남편과 사별한 부인을 이르는 말로, 남편과 함께 죽었어야 하는데 '아직 죽지 않고' 살아 있는 사람이라는 뜻의 참담한 호칭이다. 미생은 '집이나 대마 따위가 아직 완전하게 살아있지 않은 상태'를 의미하는 바둑 용어로서 '완생'을 목표로 나아가야 한다. 의학적으로 재태在胎 기간이 37주에 이르지 않는 아이를 일컫는 미숙아라는 호칭은 그것이 불러일으키는 부정적 인상을 방지하기 위해, 조금 일찍 태어

---

2. 권기둥, 『블랙 코리아: 청년백수, 비혼, 출산거부 등 어둠의 늪에 빠진 대한민국 보고』(길벗, 2017); 이지영, 『가난한 싱글을 위한 나라는 없다』(토네이도, 2014) 등을 예로 들 수 있다.

났다는 뜻의 '이른둥이'가 대체어로 제안되기도 하였다. 이렇듯 '바람직하지 않고', '아직 완성되지 않았으며', '부족하다'라는 뜻을 지닌 미혼에 비해 비혼은 그저 '결혼하지 않았다'라는 상태만을 중립적으로 기술함으로써, 어떤 바람직한 결말로서의 결혼을 상정하지 않는다. 비혼이 미혼을 대체하는 단어로 비교적 널리 쓰이기 시작했다는 것 하나만으로도, '결혼하지 않는 삶'을 바라보는 사회의 관점에 변화가 일어났음을 알 수 있다.[3]

그런데 많은 사회적 용어가 그러하듯이 비혼을 정확히 정의하기는 생각만큼 쉽지 않다. 비혼의 문자적 의미는 '결혼하지 않음'이기 때문에, 그대로 해석한다면 결혼이 가능한 연령임에도 불구하고 혼인 관계에 속해있지 않은 모든 사람들을 비혼남/비혼녀라 부를 수 있을 것이다. 기존의 미혼남/녀를 비롯하여 이혼이나 사별 후 재혼하기 전이거나 재혼을 하지 않기로 결심한 사람들, 즉 배우자가 없는 독신 상태의 사람들이 포함된다. 또한 혼인을 사실혼이 아닌 법률혼으로 한정한다면, 파트너나 동거인은 있으나 법률적으로 혼인신고를 하지 않은 이른바 동거 상태에

---

3. 언어적 표현을 바꿈으로써 그에 대한 인식과 관점을 개선하려는 노력이 언제나 성공을 거두는 것은 아니다. 여러 가지 이유로 새로운 단어가 구단어를 대체하는 사회적 유통성을 획득하지 못하기도 한다. 예를 들어 여성주의자들이 생애 주기에 따른 월경의 중단을 지칭하는 단어로 부정적 인상을 주는 '폐경(肺經)' 대신에 월경이 그 임무를 다하고 완성되었다는 뜻으로 '완경(完經)'을 제안했지만, 아직 이 단어가 '폐경'을 대체할 정도로 널리 쓰이고 있지는 않다.

있는 사람들도 비혼이라 부를 수 있을 것이다. 그러나 보통 일상의 용법에서 비혼이라는 단어는 앞서 언급한 것처럼 기존의 미혼을 의미하되, 그에 수반되었던 부정적 뉘앙스는 거부하는 맥락에서 사용된다. 즉 이분법적 대립 구도 안에서, 충족과 완성으로서의 결혼을 한편에 두고, 그 열등한 대자(對自)로서 결핍과 미완성의 자리에 비혼을 위치시키는 것이 아니다. 결혼이 그것의 모든 장단점을 지닌 채로 누군가의 소중한 삶의 양식인 것처럼, 비혼도 그것이 수반하는 모든 장단점을 지닌 채로 결혼만큼 소중한 삶의 양식임을 선언하는 단어이다. 결혼이 자발적이든 비자발적이든 그 모든 사회적 효과와 의미를 담고 있듯, 비혼이 의미를 지니기 위해서 반드시 '자발적' 비혼이어야 할 필요는 없다.

『혼자 산다는 것에 대하여』의 저자인 사회학자 노명우가 자신의 경험을 투영하여 지적하듯, "가족으로부터의 분리가 우연이었던 만큼이나 결혼 보류도 무슨 대단한 '주의'의 산물이 아니"[4]라 상황에 따른 '어쩌다 비혼' 혹은 '비자발적 비혼'이 더 흔한 비혼의 형태일 수 있다. 중요한 점은 그 원인과 동기가 무엇이든 간에, 비혼을 선택한 사람들은 사회 부적응자, 낙오자, 나아가 반사회적 괴물이라는 사회적 낙인에서 벗어나서, 결혼을 선택한 사람들과 마찬가지로 자신의 선택에 책임을 지고 자신의 인생을

---

4. 노명우, 『혼자 산다는 것에 대하여』, 사월의 책, 2013, 6쪽.

형성해가야 한다.

　이 글에서는 비혼의 다양한 양태 중에서도 요즘 한국 사회에서 강하게 대두되고 있는 여성주의 물결의 맥락에서 2,30대 여성들에게서 적극적으로 고려되거나 선언, 실행되고 있는 비혼의 경향과 의미를 탐색해보고자 한다.

결혼? 비혼?
어차피 하나의 인생!

일러스트: 박지승

결혼은 어떻게
재현되어 왔는가?

〈아담과 이브〉(1507-1508년경)
얀 고사에르(Jan Gossaert) 作

동서양 문명을 통틀어 인류가 결혼을 얼마나 찬양, 숭배 그리고 무엇보다도 이데올로기적으로 '정상화'시켜 왔는지를 살펴볼 때, 비혼이라는 단어의 참신성은 더욱 두드러진다. 『성경』창세기 2장에는 하나님이 첫 번째 인간 아담을 두고 "사람의 독처하는 것이 좋지 못하니"라고 하며, 아담의 갈빗대로 하와를 짓는 장면이 나온다. 인류의 첫 커플들에게 제도로서의 결혼이란 것이 있을 리 없었겠으나, 후대의 기록자는 하와를 아담의 동거인이나 파트너로 부르지 않고 당연하다는 듯이 '아내wife'로 명명한다.

남녀의 로맨스는 그 자체로 가치가 있거나 고귀하기보다는 결혼으로 매듭지어질 때에만 완전한 의미를 획득하고, 맺어지지 못하는 경우에는 안타까운 비극으로 생각되었다. 셰익스피어의 희극 작품은 주로 결혼 잔치 장면으로 마무리되고, 때로는 한 쌍이 아니라 『한여름 밤의 꿈』에서처럼 두 쌍, 세 쌍이 합동 결혼식을 올려 결말의 흥겨움을 배가시킨다. 셰익스피어 자신은 18살에 6살 연상의 여성과 이른바 '샷건 메리지shot-gun marriage'[5]를 올리고, 부인과 세 자녀로 이루어진 가족의 생계를 위해 바쁘게 작품을 써야 했기에, 결혼에 대해 거의 비관적 견해를 가지고 있었음에도 불구하고 말이다. 영문학에서 셰익스피어 다음으로 널리 읽히는 작가인 제인 오스틴의 경우는 어떠한가? 그녀가 남긴 소설 7편이 모두 결혼식으로 마무리된다. 『오만과 편견』, 『분별과 감성』, 『맨스필드 파크』, 『엠마』 등에 나오는 청춘 남녀들은 이야기 내내 사랑의 (헛)화살을 쏘아 대다가 결국은 자신에게 가장 잘 맞는 짝들을 골라 결혼을 한다. 오스틴 자신은 결혼을 고려했던 상대가 없지는 않았으나, 결국은 노처녀spinster

---

5. 결혼 전 커플이 임신했을 경우, 여성 측 집안에서 사회적 '망신'을 피하기 위하여, 신부의 아버지나 오빠가 신랑을 '엽총'으로라도 위협하여 강제하는 결혼을 말한다. 여성의 열악했던 사회적 지위를 고려할 때, 임신 후 아이에 대한 책임을 회피하는 남성들에 대한 실질적 해결책으로서의 측면이 없지는 않다. 그러나 결혼의 한 당사자인 여성의 의향과는 상관없이, 가문의 명예를 구하기 위한 남성들 간의 거래라는 점에서 강간 가해자가 강간피해자와 혼인할 경우 죄를 감면해주는 '강간범과의 결혼(marry-your-rapist law)'과 본질적인 차이가 없는 관행이라 할 것이다.

로 삶을 마쳤다. 우리가 익히 아는 디즈니의 애니메이션들 〈미녀와 야수〉, 〈알라딘〉, 〈인어공주〉 등의 결말은 너무나 유명해서 굳이 언급할 필요도 없다. 인질로 잡혀가도, 신분이 달라도, 심지어 종種이 달라도 기어이 결혼이라는 해피엔딩으로 마무리된다. 2009년도에 제작된 〈공주와 개구리〉는 디즈니 최초로 흑인 여성 티아나Tiana를 주인공으로 삼아, 해맑은 얼굴을 하고서 주위에 폐를 끼쳐 대는 이전의 민폐 여주인공 혹은 수동적으로 왕자를 기다리는 신데렐라 형 인물에서 벗어나는 변화를 보였다. 레스토랑 경영을 꿈꾸는 당찬 웨이트리스로서 이전의 디즈니 공주들과는 매우 다른 듯했지만, 역시 결말은 그녀와 왕자 나빈Naveen과의 결혼으로 마무리되어, "그 후로 오랫동안 행복하게 살았습니다Lived Happily Ever After"라는 전통적 서사를 벗어나지 않는다. 〈겨울 왕국〉 정도가 엘사와 안나의 강력한 자매애가 전면에 등장하고 결혼에 이르는 로맨스가 이선으로 후퇴하는 드문 예라고 볼 수 있겠다. 물론 여기에서도 차가운 냉기를 뿜어내는 얼음여왕 엘사는 싱글로 남겠으나, 동생 안나와 크리스토프의 로맨스는 결혼으로 이어질 것이 거의 분명해 보인다.

고전문화와 대중문화에 즐비한 예들이 보여주듯이 결혼이라는 제도가 정상화 이데올로기로서 작동되는 사회에서, 결혼을 하지 않고 살아간다는 것은 많은 용기를 필요로 하는 일이었다. 특히 여성이 사회가 정하는 적절한 시기에 아버지의 지배에서 남편의 지배로 이행하지 않고 살아간다는 것은 사회적 낙오와 경제적 어려움을 의미했고 주위로부터 도덕적 비난, 혹은 연민을 초래하는 일이었다. 예를 들어 19세기까지 영국에서 결혼하지 않은 중산층 여성이 가질 수 있는 직업은 가정교사governess가 거의 유일했는데, 이것은 거의 하녀에 가까운 일로서, 재정적 독립이나 지적 능력의 지표라기보다는 적절한 배경이나 재산이 없기 때문에 선택할 수밖에 없는 직업으로 여겨졌다. 가정교사로 일했던 샬롯 브론테는 자신의 작품 곳곳에 가정교사로서 받았던 굴욕을 묘사해 두었다. 『제인 에어』(1847)의 파티 장면에서, 부유한 손님들은 가정교사인 제인 에어가 듣고 있다는 것을 알면서도, 자신들이 고용한 가정교사들 때문에 얼마나 고생했는지를 경쟁하듯 열거하며, 그들의 반은 증오스럽고 나머지 반은 어리석었으며 어쨌든 두 부류 모두 악몽과 같은 존재였다고 이야기한다. 자신의 직업에 관련된 험담을 들으면서도 아무 내색을 하지 못하는 것 자체가 제인 에어가 처한 사회적 계급을 잘 설명해준다. 제인 오스틴의 『엠마』(1815)에서 페어팩스 양은 용모가 아름답고 주위의 도움으로 좋은 교육을 받았으나, 조실부모한 탓에 가정교사로 일해야만 하는 처지를 비관적으로 생각한다. 주인공 엠마도 그녀를 연민의 시선으로 바라본다. 페어팩스 양이 결혼을 하지 않고 늙는다면 아마도 그녀의 고모인 가난한 독신 여성 베이츠 양—수다스럽고 주책없는 인물로 묘사되는—처럼 될 것이고, 주인공 엠마의 시선에서 그것은 너무도 끔찍한 일이다. 레베카 솔로몬의 그림 〈가정교사〉(1851)는 빅토리아 시대 가정교사의 역할과 사회적 위치를 고용주 집안의 여성과 대조하여 극적으로 보여준다. 가정교사가 아이에게 책을 읽히는 동안, 옆에서는 주인집의 딸인 듯한 여성이 피아노를 치면서 남성이 던지는 구애의 눈길에 화답하고 있다. 가정교사는 여성으로서의 사회적 사형 선고를 의미하듯 검은 옷을 입고 있다. 반면 구애 중의 여성은 결혼이 자신의 삶에 가져다주리라 기대하는 장밋빛 미래를 상징하듯, 화려한 빛깔의 드레스를 입고서, 당시의 품행지침서에서 지시하는 대로 너무 노골적이지 않으면서 호감을 전달하는 데 열중하고 있다. 흥미로운 것은 가정교사의 시선과 표정인데, 아이의 어깨에 손을 얹는 행동으로 자신의 의무를 게을리하지 않고 있음을 보여주나 정작 시선은 책에도, 아이에게도 향해 있지 않다. 권태와 약간의 애조를 띤 표정은 그녀가 옆에서 일어나고 있는 '구애'를 분명히 의식하고 있으며, 그것이 자신의 운명에는 들어있지 않음을 뼈저리게 느끼고 있음을 보여준다.

〈가정교사(The governess)〉(1851) 레베카 솔로몬
(Rebecca Solomon) 作

젊은 여성들의
눈에 비친 결혼

비혼에 대한 고찰은 '결혼하지 않는 삶'에 대한 고찰인 동시에 '결혼'에 대한 매의 눈을 한 고찰이기도 하다. '어쩌다 보니 비혼' 혹은 '비자발적 비혼'을 넘어 적극적, 능동적으로 비혼을 선언하는 주체는 2, 30대 여성들이다. 그들은 어머니나 기타 선배 여성들의 결혼 생활이 행복하지도 평등하지도 않음을 지켜봤고, 이를 바꾸기 위한 싸움은 그 성과에 비해 여성 개인에게 너무나 큰 희생과 육체적, 감정적 소모를 요구하기 때문에, 아예 가부장제가 부여한 아내/어머니의 자리에 편입되지 않기를 선택한다. 가부장제하의 가정 내 역할 불평등이 극대화되는 명절을 예로 들어 설명해 본다면, 누적 혼인율이 95% 이상을 상회하던 1950년대 중반에서 1970년대 초반에 결혼한 할머니 세대의 여성들은 아내, 어머니, 며느리라면 당연히 수행해야 할 '의무'이자 '사랑의 수고'로서 명절의 여러 일들을 감당해내었다. 도시에서 내려온 자녀와 손주들을 반가이 맞이하여, 명절 내내 먹이고도 모자라 보따리 가득 음식을 싸 주고 물기 어린 눈으로 대문 앞에서 손을 흔들며 배웅하는 인자한 할머니의 모습은, 주류 미디어가 '고향'에 대한 향수를 불러일으키고 싶을 때 단골로 재생하는 이미지이다. 그보다 한 세대 뒤인 1980년대에서 2000년대에 결혼한 여성들은, 가족 내에서 기대되는 전통적 역할을 감당하기는 하되, 명절을 전후하여 남편과 한바탕 말다툼을 하거나, 호텔 패키지나 피부 관리, 쇼핑 등 '나에게 주는 힐링 선물'을 통해 명절 스트레스를 달랬다.[6]

명절 내내 부엌에서 잰걸음으로 종종대며 남자들의 식사와 간식, 안주를 준비하면서도 한 상에 앉지 못하는 이 '이상한 나라의 어머니와 친척 여성들'을 관찰하고, 돌아오는 차 안에서 어머니와 아버지의 말다툼을 목격한 딸 세대의 여성들은, '결혼은 미친 짓', 혹은 '구조적으로 불공평한 제도'라는 인식을 지니게 된다. 그녀들은 "그래도 남들 다 하는 결혼인데 나만 안 할 수는 없지"

---

6. 명절 뒤에 이혼율이 유의미할 정도의 수치로 증가한다는 통계들을 생각한다면, 미디어와 자본이 선사하는 여성들의 명절 고생에 대한 다양한 감사와 위로, 힐링, 테러피들이 그녀들을 제대로 '달래고' 있는지는 의문이다. 결혼 제도 안에 진입하여 죽음의 순간까지 결혼 내에 머물렀던 이전 할머니 세대의 여성들과는 달리, 이들 어머니 세대의 여성들은 절대 다수가 진입은 하였으되, 이전 세대와 비교할 때 확연히 높은 비율로 '탈결혼'을 경험하고 있다.

라는 두려움이나 "나의 결혼만은 다르리"라는 희망을 품는 대신, 비혼을 선택한다.

『초솔로사회』의 아라카와 가즈히사가 지적하듯, 이들이 이전 세대와는 달리 '어머니의 삶'을 거부할 수 있는 것은 '일하는 여성' 나아가 '열심히 일하는 여성'으로서 어느 정도의 경제적 기반, 사회적 지위의 확보가 가능해졌다는 것을 이유로 들 수 있다.[7] 가부장제하 결혼의 불합리성에 대한 의식이 있다고 하더라도 그 옛날 제인 에어나 페어팩스 양처럼 가정교사라는 한정되고 열악한 직업에 묶여 있어야 한다면, 비혼을 선택하기는 쉽지 않을 것이다. 이를 또 뒤집어 보면, 여성들은 애써 시작한 자신의 사회 경력이 결혼에 뒤따르는 임신과 출산, 육아로 인해 단절될 것을 두려워한다. 이들은 자신들의 어머니 세대가 경력단절을 겪고, 결혼 전에 가졌던 직업보다 대체로 다운그레이드 된, 저임금 비정규직으로 재취업하는 것을 목격하였다. 다른 한편으로 그들이 목격하는 것은, 결혼 전의 직업을 유지하기 위해 애써 '버티고' 있는 워킹맘들이 겪는 '시간빈곤 time poor'의 곤경과 그럼에도 불구하고 가족 내에서 가사, 육아, 보살핌, 감정 노동이 불균형하게 분배되는 광경이다. 결국 어느 세대도 겪어 보지 않은 유래 없는 취업난 속에서, 합격과 탈락을 결정하는 데 있어 매우 정당

---

7. 아라카와 가즈히사(조승미 역), 『초솔로사회』, 마일스톤, 2018, 75쪽.

한 고려 대상인 듯 묻는 "결혼은 언제?", "출산은 언제?", "육아는 어떻게 해결할 것인지?"와 같은 질문들에, 면접관의 근엄한 얼굴로 가장한 이 사회의 장벽에, 젊은 여성들이 "그렇다면 결혼하지 않겠다"라고 답하고 있는 것이다.

저출산과 인구감소 문제가 국가의 명운을 좌우할 중요한 문제로 대두된 지 오래지만, 문제의 원인 및 해결책에 대한 사회와 국가의 진단은 해결의 한 열쇠를 쥐고 있는 여성들의 인식으로부터 적지 않게 떨어져 있다. 2016년 12월 행정자치부 저출산고령화대책지원단은 각 지자체의 저출산 문제 해결을 돕고자 '대한민국 출산지도'라는 홈페이지를 열었다. "243개 모든 지자체의 출산 통계와 출산 지원 서비스를 국민들이 쉽게 찾을 수 있도록 구축"했다는 이 홈페이지의 대문에는 각 지자체별로 가임기 여성의 숫자를 일의 자리까지 표시한, '분홍색' 대한민국 지도가 올라와 있었다. 두 달여 뒤인 2017년 2월에는 국책연구원인 한국보건사회연구원의 인구영향평가센터장이 인구포럼이라는 학술대회에서 논문 하나를 발표했다. 여성이 "불필요하게 스펙을 쌓으면서 결혼시장에 늦게 들어오는 현상"을 막기 위해, 취업 시 여성의 휴학이나 어학연수, 자격증 취득을 감점 요소로 공지하고, 배우자 선택에 있어 하향 선택 결혼을 유도하는 콘텐츠를 "무해한 음모 수준으로 은밀히 진행"하여야 한다는 내용이었다. 물론 두 경우 모두 저출산의 책임을 여성에게만 전가하고 여성을 "아이 낳는 기계", 즉 "자궁"으로 환원시킨다는 비판과 비난을 받았다. 결국 홈페이지는 서비스를 중단하고, 해당 논문의 작성자는 사과문을 내고 보직에서 사퇴하였다. 그러나 이러한 사건들은 일회적인 해프닝 혹은 담당자의 개인적 실수라기보다는 오히려 저출산과 인구감소를 바라보는 사회 전체의 인식이 반영된 것으로 보인다. 2, 30대 젊은 여성들이 느끼는 좌절감은 여기에서 더 심화된다. 단군 이래 가장 풍부하고도 평등한 교육 기회를 부여받아 고학력, 고스펙을 성취했고, 인터넷의 태동과 함께 성장하여 정보 교류와 소통이 몸의 일부처럼 익숙한 그들의 의식은 저 앞을 달려가고 있는데, 사회 전반의 의식은 저 뒤에 머물러 있으니, 그 사이에 존재하는 까마득한 시차time lag가 그녀들을 잠 못 들게 한다.

비혼을 겨냥한
염려와 비난들

① 결혼을 해야 어른이 된다?

기혼남/녀들이 아내나 남편, 어머니와 아버지로서 인생의 다양한 희로애락을 겪으며 인간적인 성숙에 이를 때, 비혼남/녀들은 자기만 아는 이기적인 '미성숙'의 상태로 죽음을 맞게 될 것이라는 우려를 가장한 폄하가 존재한다. 노명우는 『혼자 산다는 것에 대하여』에서 거의 모든 사람이 결혼을 했던 시대에는 "결혼과 어른 됨을 동일시"할 수도 있었겠지만, 그렇지 않은 현대에 결혼과 어른 됨을 연결 짓는 것은 시대착오적인 오류이며, "가장 단세포적인 생략법"이라고 비판한다. 물론 전혀 다른 환경에서 자라난 남자와 여자[8]가 일상의 시간과 공간을 공유하며 아이를 낳

---

8. 전 세계적으로 점차 합법화되고 있는 동성혼을 고려한다면 남자와 남자, 여자와 여자가 될 것이다. 나아가 비혼은 이성애자뿐만 아니라 동성애자에게도 해당되는 일이다.

아 키우는 과정 속에는 인간을 성숙시킬 요소들이 지뢰밭의 지뢰처럼 강력하게 포진해있는 것도 사실이다. 나와 다른 존재로서의 '타자'에 무지하거나 그 존재를 인정할 마음이 없었던 사람도, 결혼 '생활'을 통해 부모로서의 '속 끓음'을 겪으며 '포기'의 형태로나마 그를 인정하고 받아들이거나 적어도 함께 존재하는 법을 배우게 된다. 어느 칼럼니스트가 표현한 대로, 한 사람을 만나 그 사람의 가장 밑바닥과 가장 고귀한 순간을 경험하며, 나역시 그에게 나의 가장 저열한 부분과 가장 존엄한 부분을 보이며 함께 늙어가는 여정이 결혼이라면 그것은 인간을 성숙하게만들 가능성이 있다.

그러나 인생은 결혼 외에도 인간을 성숙시키는 다양한 재료들을 가지고 있다. 질병이 그러하고 실패가 그러하고 고독과 외로움이 그러하다. 또한 우리는 성숙의 요인이 곧 성숙으로 연결되지 않는다는 것을, 가족 상담란에 나오는 무수한 철없는 아버지, 철없는 어머니들을 통해 알고 있다. 기혼자 중에 성숙한 '어른'이 있기도, 미성숙한 '어른아이'가 있는 것처럼 비혼자도 마찬가지일 것이다. 인생이 심어놓은 다양한 성숙의 재료들을 받아들여,

---

동성애와 동성혼에 대한 사회적 논의가 이제 막 시작된 한국의 상황에서 동성애자의 '비혼'은 이성애자의 '비혼'과 공통점도 있겠으나 차이점이 있을 것이며, 다르게 의미화 할 수 있는 지점이 있다고 하겠다. 가장 단순화해서 말한다면, 지금 현재의 동성애자들에게는 결혼과 비혼이 유효한 선택지가 될 수 있도록, 법적으로 인정되고 사회적으로 용인되는 결합으로서의 '결혼'을 쟁취하는 것이 목표일 것이다.

온전히 자기 것으로 소화하고, 마주치고, 성찰한 사람만이 어른이 된다. 그러므로 결론적으로 어른이 되는 것과 결혼은 별 상관이 없다. 정작 성숙할 줄 모르는 것은 결혼하지 않은 사람을 미성숙으로 낙인찍고 어른으로 대우하지 않는 우리 사회의 오래된 편견이다.

② 젊어선 좋지만, 노년에 외로울 거라고?

비혼에 대한 또 하나의 흔한 협박성 우려는 젊어서는 힘 있고 건강하고 경제적 능력이 있기 때문에 혼자 사는 게 홀가분하고 자유로울 수도 있겠으나, 늙으면 의지할 가족도 없고 돌보아줄 피붙이도 없이 외롭고 힘들지 않겠느냐는 것이다. 그렇게 보험으로서, 혹은 노후 대책으로서 결혼이 권유된다. 이에 대해 인간은 근원적으로 외로운 존재라든지, '늙어감'은 가족이 있든 없든 어느 정도의 고통과 불편함을 수반하지 않느냐는 식의 반박은 하지 않겠다. 이른바 '효도 계약서'를 사이에 둔 부모와 장성한 자녀와의 신경전이나 가족에 의한 노인 학대도 너무 극단적인 예일 수 있으므로 언급하지 않겠다. 대신 긍정적인 대안으로서 어느 70대 비혼 여성의 명절 보내기를 소개하고자 한다. 핵가족, 혹은 1인 가구로 살던 사람들이 확대가족으로 일시 '헤쳐 모여'를 하는 명절은 가족에 속해 있지 않은 사람들에게 그 소속 없음을 전 사회가 합심하여 알려주는 시기이다. 기차역과 터미널

이 인산인해를 이루고, 귀성길과 귀경길의 고속도로는 거대한 주차장이 되어 몸살을 앓고, 명절 당일에는 식당도 백화점도 마트도 시장도 문을 닫아 일상이 모두 정지된다. 이때에는 오직 가족 내의 삶만 활성화된다. 모여서 송편을 만들고, 전을 부치고, 제사를 지내고, 안부를 묻고, TV를 보고, 세배를 하고, 윷놀이를 하고, 고스톱을 치고, 싸우기도 하는 익숙한 풍경이 펼쳐진다.

명절에 외롭지 않으시냐는 질문에, 한국 최초로 독신 여성 모임인 '한국여성한마음회'를 조직한 76세의 비혼 여성 김애순 씨는 "우리 독신 클럽들 어디 가서 방 하나 얻어가지고 같이 음식해 먹고 놀고 어디 여행가고 그게 그렇게 행복하더라고요"라고 대답했다. 문제는 가족 바깥에서 '친교 하는 삶'을 꿈꾸지 못하는 빈곤한 상상력이다. 비혼이 반드시 혼자 사는 삶일 필요도 없고, 1인 가구일 필요도 없다. 따로 살다가 같이 만나기도 하고, 비혼의 삶들이 모여 다인 가구를 형성하는 등 "다른 관계에 대한 풍부한 상상력"[9]이 필요하다. 슐라미스 파이어스톤은 약 반세기 전에 『성의 변증법』(1970)에서 핵가족의 해체를 주장했다. 그리고 그에 대한 대안으로 10~15명에 이르는 다양한 연령대의 남녀가 모여 인공 생식으로 출생한 비혈연관계의 아이를 일정 기간 공동 양육한 후 해체하는, 한시적인 계약으로서의 '가구household'를

---

9. 〈한국일보〉, "비혼 76년 차, 다시 태어나도 선택은 싱글", 2017년 2월 25일 자.

제안하였다. 이렇게까지 급진적이진 않더라도, 결혼과 가족 이외의 삶의 형태는 이미 급속하고도 심원하게 우리의 현실을 바꾸고 있다. 비혼이 겪는 노후의 빈곤이 걱정된다면 국가가 조금 더 배려, 아니 기혼자를 우대함으로써 비혼자에게 상대적인 불이익을 안기는 제도만이라도 개선하면 된다.

③ 저출산과 고령화를 막기 위해 결혼을 해야 한다?

인구 증가율이 감소하는 데 그치지 않고 총인구 수가 급감하는 '인구절벽'이 예상보다 빠르게 도래할 것이라는 공포가 한국 사회에 광범위하게 유포되어 있다. 다자녀를 둔 여성을 '애국자'라고 부르는 것의 이면에는 성평등적 인식이 아니라 국가 소멸에 대한 위기감이 숨어있다. 이는 곧 저출산과 고령화라는 국가적 재앙 앞에서도 결혼을 하지 않고 출산을 하지 않는 비혼남/녀, 특히 비혼녀들에 대한 탄식 어린 비난으로 이어진다. 저출산과 고령화를 극복하고자 하는 국가의 인구 정책은 결혼을 장려하고, 신혼부부의 주거 비용을 낮추고, 출산을 촉진하고, 육아를 지원하는 데에 집중되어 있다. 하다못해 연말정산에서도 부양가족이 있는 납세자에게 인적공제를 통해 세금을 감면해 줌으로써 동일 소득의 비혼자가 더 많은 세금을 내도록 한다. 부모와 더불어 사회가, 국가가 나서서 결혼을 권면하고 장려하고 재촉한다. 앞서 언급한 김애순 씨가 '한마음회'를 조직한 1990년에 비혼 여성들이 모여서 나눈 주된 의제 중에는 "독신에겐 불리한 세제나 아파트 분양권 문제"[10]가 있었는데, 이것은 지금도 그리 달라지지 않았다. 신혼부부나 다자녀 가정이 받는 혜택을 고려한다면 불평등은 오히려 더 심화되었다.

이미 시작된 저출산과 고령화의 쓰나미 속에서 우리가 해야 할 일은 한 명이라도 더 낳게 하는 것이 아니라, 일본의 사회학자인 아카가와 마나부가 지적하듯 "결혼이 줄고 아이가 줄어서 대체 누가 힘든가"[11]를 진지하게 성찰하는 일이다. 그에 따르면, 규모의 경제를 실현해줄 인구를 필요로 하는 것은 주로 재계와 기업이다. 우리 경제는 더 이상 대량생산, 대량소비로 유지되지 않는다. 그러니 줄어드는 아이들의 숫자와 축소되는 경제 규모에 맞추어 사회제도 설계를 변경하고, 전환된 패러다임에 맞는 새로운 가치관을 계발해야지, 여성에게 결혼을 하고 아이를 낳아 키우라고 강요하는 것은 실효성도, 명분도 없는 일이다.

10. 〈한겨레〉, "72살 비혼 애순 씨, 독신으로 살면 안 되는 여자…", 2013년 1월 10일 자.

11. 우에노 지즈코·미나시타 기류(조승미 역), 『비혼입니다만, 그게 어쨌다구요?!』, 동녘, 2017, 156쪽에서 재인용.

같이 사는 것도,
혼자 사는 것도 어렵다

    글을 맺으며 하고 싶은 말은, 결혼의 삶이든 비혼의 삶이든 인생은 어렵다는 것이다. 하나 마나 한 말 같지만, 그것이 사실이다. 어려움의 종류와 결이 다를 뿐 같이 사는 삶은 같이 살기 때문에, 혼자 사는 삶은 혼자 살기 때문에 어렵다. 스·드·메(웨딩스튜디오, 웨딩드레스, 웨딩메이크업)를 거쳐, 버진로드를 걸으며 시작되는 결혼의 삶이 꽃길만은 아니지만 그렇다고 가부장제의 억압으로만 이루어진 지옥 길인 것만도 아니다. 비혼이라고 해서 고독하거나 궁상맞은 '노처녀'의 삶인 것만도, 반대로 언제나 자유롭고 주체적인 '골드미스'의 삶인 것만도 아닐 것이다. 결혼이든 비혼이든 모든 삶의 어려움 속에는 삶을 견디게 해 줄 작은 기쁨이나 소소한 의미가 숨어있고 발견된다. '어떤 삶의 양식이나 제도 자체가 인생의 행복을, 성공을, 난이도를, 의미를 결정할 수 있다'

는 믿음은 절대 다수가 선택하는 표준적 삶이 존재했던 지난 시대에도 의심 많은 회의론자들의 머리를 갸웃거리게 했다. 하물며 많은 것이 유동적으로 솟구치며, 표준의 삶이 붕괴하고 있는 요즘에 이런 신조는 어리석은 맹신과 부질없는 희망에 가깝다. 결혼도 비혼도 열심히 살아야, 잘 살아야 행복할 수 있다.

이혼 후 한참 동안을 싱글 상태로 살았던 한 개그맨은 예능 프로그램에서 자신을 두고 농반진반으로 걱정과 관심의 말이 오갈 때면, 웃음기를 뺀 진지한 얼굴로 "내가 알아서 할게"라는 말로 상황을 정리하곤 했다. 그때마다 한마디씩 거들던 사람들은 머쓱해져서 "그래 당사자가 알아서 하는 거지 뭐"라고 입을 다물었다. 그 예능만큼이라도 우리 사회가 비혼자의 결정을 존중하는 세련된 태도를 지녔으면 한다. 내 인생에 대한 결정은 누구도 아닌 나에게 가장 큰 영향을 미치며, 나만큼 나의 행복을 바라는 사람은 사실 없지 않은가? 부모의 안심을 위해, 사회적 낙인을 피하기 위해, 국가적 저출산 위기를 해결하기 위해 결혼할 수는 없다. 국가와 사회가 해야 할 일은, 국민이나 사회 구성원을 문제 해법의 도구로 대하거나 개개인의 삶을 한 방향으로 계도하고 유도할 것이 아니라, 개개인이 선택한 삶의 양식 속에서 잠재된 가능성을 소멸시키지 않고 자신을 충분히 발현할 수 있도록 지원하고 돕는 일일 것이다.

야동이 가진 최대의 위험은

그것이 타자와 올바로 성적인 관계를 맺는 데 방해가 된다는 점에 있다.

성도착자에게는 타자와 주거니 받거니 하는 상호 관계가 없다.

'관계' 없는 섹스가 성도착자의 섹스이다.

Part 7

야동 중독과
성도착

김종갑

내 사랑을 찾습니다
I'm Looking For My Love

얼마나 많이
야동을?

"우동 볼래?"

최근 중·고교생들 사이에서 급속히 퍼지고 있는 말이다. 우동을 먹자는 게 아니다. 우동을 보자는 것이다. 우동은 야동의 발음을 살짝 비틀어서 만든 그들만의 은어이다. 야동이 우동이라니! 야동이 우동만큼 일상적이 된 것이다. 바바리맨도 야동 못지않게 흔한 사건이 되었다. 최근 청주의 한 경찰서는 공공장소에서 음란행위를 한 혐의로 법원에서 근무하는 40대 공무원을 체포했다. 신고한 여학생은 다음과 같이 진술했다. "친구와 함께 집에 가는데 한 남자가 부르더니, 갑자기 바지와 속옷을 내리고 음란행위를 하고 달아났다." 이러한 바바리맨은 2013년 1천 471건, 2014년 1천 842건, 2015년 2천 112건으로 해마다 증가하고 있다고 한다.

화성에서 지구를 조사하기 위해 파견된 우주인이 있다면 수업 시간에 핸드폰으로 야동을 보는 학생에 대해 뭐라 생각할까? 더구나 집에서도 문을 잠그고 컴퓨터로 야동을 보는 학생들이 한둘이 아니라는 것을 발견하면 어떤 반응을 보일까? 그리고 여학교 근처에서 서성이던 남자가 여학생이 나타나기가 무섭게 바지를 내린다면? 인간은 참으로 종잡을 수 없는 동물이라고 생각할 것이다. 이상한 짝짓기도 있구나 생각하며….

몇 년 전에 11살에서 16살 사이 영국 청소년의 절반 이상이 인터넷으로 포르노를 본 경험이 있다는 조사 결과가 있었다. 대다수가 14살 이전에 동영상을 이미 접했다고 대답했다. 그렇다면 우리나라는 어떠할까? 2012년에 행정안전부가 전국 초등학교 5학년에서 고등학교 2학년에 이르는 1만 2251명을 대상으로 음란물 접촉 경험 여부를 조사하였다. 음란물을 본 적이 있는 학생이 전체의 약 40%를 차지했다. 화성인이라면 음란물을 보는 이유가 무척이나 궁금할 텐데, 우연하게 혹은 호기심에서 봤던 여학생 대부분이 충격을 받았다고 한다. 불쾌감과 혐오감을 느꼈다는 대답도 많았다. 물론 남학생 가운데는 성적으로 흥분됐다는 답변이 35%를 차지했다. 어떤 통계 자료에 의하면 "1초당 2만 8258명이 보는 것, 1초당 372명이 검색창에 치는 용어, 1초마다

3,075달러가 소비되는 장르가 바로 포르노그래피이다."[1] 이러한 통계를 완전히 신뢰할 수는 없다. 응답자의 몇 명이나 솔직하게 대답을 할까? 대부분 조사 결과는 들쭉날쭉하다. 그렇지만 유용하게 참고할 수는 있다. 결과에 놀랐는가? 아니면 생각했던 것보다 수치가 낮다고 생각했는가? 내가 놀랐던 것이 있다. "안 보면 허전하다"는 응답이 16.1%, "더 자극적인 성인물에 집착하게 됐다"는 대답이 14%나 되었다는 것이다.

각인각색이라는 사자성어가 있다. 사람마다 다 생긴 게 다르다. 다 자기 생긴 대로 살고 있지 않은가. 그런데 성적 취향만큼 가지각색인 게 세상에 또 어디 있을까? 야동이라고 다 똑같은 야동이 아니다. 똑같은 영상을 보고 다 똑같이 흥분하는 것도 아니다. 보통 사람들은 거부감을 가질 만한 영상을 좋아하는 변태도 있다. 변태는 정상定常에서 벗어난 성적 행동을 가리킨다. 점잖은 용어로는 '성도착', 옷을 거꾸로 뒤집어 입듯이 성욕이 헷갈리게 뒤바뀌게 되었다는 의미이다. 청주 경찰서가 체포한 '바지 내리는 남자'는 성도착 중에서도 노출증 환자이다. 노출증 이외에도 페티시즘이나 소아성애와 같이 다양한 유형의 성도착이 있다.

여러분 가운데 야동을 보지 않으면 마음이 허전한 학생이 만에 하나라도 있을까 봐 걱정이 된다. 하루도 지나치는 날 없이

---

1. 홍성철, 『포르노그래피』, 커뮤니케이션북스, 2015.

매일 보는 학생이 있다면 문제가 더욱 심각해진다. 그렇다면 자신이 야동에 중독되어 가고 있다고 의심해봐야 한다. 알코올 중독이 무엇인지 잘 알고 있을 것이다. 술을 마시지 않으면 정상적인 생활을 하지 못하는 사람이 알코올 중독자이다. 야동이 학업에 방해가 되고 있다면 중독의 초기 단계에 있다고 봐도 좋다.

성도착이
무엇일까?

앞에서 야동과 성도착, 성중독에 대해 마파람에 게 눈 감추듯이 재빨리 설명을 했다. 통계 자료를 제시하고 용어도 정의했다. 이제 좀 호흡을 고르면서 느긋하게 생각해보기로 하자. 성도착이 무엇인지, 성중독이 무엇인지 궁금해서 죽겠다는 표정을 짓는 화성의 우주인이 바로 우리 자신이라고 생각해보자. 대체 우리가 왜 야동을 보는 것일까? 왜 공부하고 있다가도 갑자기 야동이 마음을 간지럽힐까? 왜 바지를 내려야 성적 쾌감을 느끼는 것일까?

이러한 질문이 유치하다거나 창피하다고 생각하지 말자. 눈을 크게 부릅뜨고 문제를 정면으로 응시하기로 하자. 남녀노소 막론하고 우리 모두 성적인 동물, 멋진 라틴말로 호모에로티쿠스이지 않은가. 인간의 가장 기본적인 욕망은 식욕과 성욕이라는 당연한 사실에 괴로워할 필요는 없다. 식욕이 없으면 개인의 생존이 불가능하지만 성욕이 없으면 더욱더 큰일이 일어난다. 인류 전체가 전멸하기 때문이다. 동물도 마찬가지이다. 발정기가 시작되면 동물들은 때와 장소를 가리지 않고 아무 데서나 교미를 하지 않은가. 그것이 세상에서 가장 자연스러운 일이라는 듯이.

우리가 동물처럼 부끄러워하지 않고 밥 먹듯이 당연하게 짝짓기를 한다면 성중독이나 성도착이 생겨나지 않았을 것이다. 동물과 인간을 비교해 봤다면 화성의 우주인도 조만간 이 사실을 깨달았을 것이다. 인간은 성도착이라는 예외적 특권을 가진 동물이다. 성도착은 문명과 문화의 품 안에서 태어나는 것이다.

성과 관계되는 일에는 일정한 나이의 문턱을 넘어야 한다. 사춘기가 지나야만 성적인 관계로 진입할 수 있다. 그렇지만 남자와 여자가 된다고 해서 곧바로 성관계를 맺을 수 있는 것은 아니다. 꼬마 신랑이나 조혼早婚이라는 말을 들어봤을 것이다. 박경리의 『토지』에 다음과 같은 구절이 있다. "조선의 남자치고 조혼 아닌 사람은 거의 없으나 하여간 이 모李某처럼 사랑을 위해 번민하는 것에는 이해도 동정도 할 수 있고." 그렇다면 광한루에서 춘향을 보고 넋이 나갔던 이 도령이 성적으로 조숙했던 것은 아니었다. 이팔청춘, 만으로 15살, 중학교 3학년이다. 이미 사춘기가 지난 나이이지 않은가. 우리는 사춘기가 되면 몸에 엄청난 변화가 일어난다는 사실을 잘 알고 있다. 부모의 아들딸이던 아이가 이제 임신과 출산이 가능한 성인의 몸으로 변하는 것이다. 동물이라면 짝짓기가 시작되는 것이다. 그렇지만 우리는 동물처럼 짝짓기로 바로 직행하지는 않는다.

우리는 자연이 아니라 사회와 문화 속에 살고 있다. 성도 문화화 되어 있다. 우리는 생쌀이 아니라 밥을 해 먹고 풀이 아니라 김치를 담가 먹는다. 성욕도 밥이 되고 김치가 되어야 한다. 야생의 풀처럼 성욕이 마음대로 자라고 마음대로 가지를 뻗도록 방치해 두지는 않는다. 그뿐만이 아니라 석탄을 공정해서 연료로 활용하듯이 성적 에너지도 사회적 에너지로 전환되어야 한다. 이와 같이 억제되고 길들여지는 과정을 거치면서 자연적이었던 성욕이 사회화·문화화 되는 것이다. 여러분은 내가 이렇게 자연과 문화로 뜸 들이는 이유를 짐작하고 있으리라 믿는다. 즉 자연에는 변태도 없고 성도착도 없고 비정상도 없다. 아름다움과 추함도 없다. 단지 각각의 차이만 있을 따름이다. 정상과 비정상은 우리 몸에 사회화의 압력이 가해지면서 생겨난 구분이자 차별이다. "어! 변태네!"—이렇게 말하는 동물은 없다.

성에 사회적 압력이 가해지지 않은 사회가 있을까? 이 질문에 대답하기 위해서 마가렛 미드라는 인류학자를 소개할 필요가 있다. 그녀는 20세기 초 좋은 집안에 태어나 온실의 화초처럼 자랐으며 콜롬비아대학에서 인류학을 공부했음에도 불구하고 미국이라는 사회에 숨이 막혔다. 탈출하듯이 미국을 떠나 그녀가 찾아간 곳은, 아직 문명의 때가 묻지 않은 남태평양의 사모아 섬이었다. 이 원주민들의 마을에서 그녀는 낙원을 보았다. 당시 미국은 성적으로 억압된 사회였다. 그리고 얌전하던 아이들이 사춘기가 되면 갑자기 야수처럼 돌변하는 현상에 미국은 어찌할 바를 모르고 있었다. 반항하고 방황하는 청소년들이 떼거리로 마약과 폭력, 성범죄에 빠져들고, 그보다 더욱 많은 청소년들이 신경증과 우울증을 앓고 있었다. 그런데 놀랍게도 사모아 섬에는 그와 같이 악마처럼 질풍노도 하는 청소년들이 없었다. 성범죄나 성도착도 없었다. 얼마 지나지 않아 미드는 그 이유가 '성의 자유'에 있다는 사실을 발견했다. 간섭하거나 억압하지 않고 가만히 놔두면 사춘기에도 망가지지 않는다는 이 발견은 그녀로서는 무척이나 소중한 것이었다. 그녀가 귀국해서 쓴 책『사모아 섬의 청소년』은 1960년대 성 해방의 기폭제가 되었다.

그렇지만 성적 억압과 금지가 아예 없는 사회는 존재하지 않는다. 미드가 방문했던 사모아 섬에도 그러한 억압과 금지가 있었다. 사람들이 함께 살아가는 사회에서 어떻게 우리가 자연처럼 살 수 있겠는가? 더구나 성행위처럼 예민하고 민감하며, 위험하기도 한 일이라면 더 말할 나위가 없다. 춤이나 놀이와 같은 활동과 달리 성은 자칫하면 임신과 출산으로 이어지며, 아직 미성숙한 두 남녀를 아빠와 엄마로 만들어 버린다. 성이 있는 곳에는 위험도 동시에 도사리고 있다. 현재 미국에서는 10대 소녀 3

명 가운데 1명꼴로 20살이 되기 전에 최소 한 번은 임신을 한다. 그중 하나인 테미의 고백이다. "나는 지금 17살이고 임신 8주째이다. 다니던 학교도 그만두었고 일자리도 구할 수 없다. 내 미래에 대해 걱정도 많고 겁도 난다. 하지만 23살인 내 남자친구는 이런 복잡한 내 감정에 대해 별로 마음을 써 주지 않는다. 그는 내게 소리도 지르고….".[2] 이러한 테미의 불행을 생각하면 사회가 가하는 성적 압력도 필요하다는 사실을 깨달을 수 있다.

성도착은 사회적 압력과 떼어 놓을 수 없다. 나무에 손을 대면 더욱 아름답게 자랄 수도 있지만 자칫하면 몸통이 휘어지거나 가지가 꺾이기도 한다. 사회적 압력이 잘못 가해지면 우리 몸은 뒤틀리면서 성적 표출의 방향과 목표도 바뀔 수 있다. 성도착으로 변형되는 것이다. 그렇다면 야동도 바바리맨이나 몰래카메라와 마찬가지로 성도착에 해당하는 것일까? 화성의 우주인이라면, 야동을 보면서 성욕을 해소하는 사람을 분명 성도착으로 분류할 것이다. 정상적 성행위는 "정자와 난자의 결합을 꾀하기 위해 음경을 질에 삽입하고 양자의 마찰에 의해 육체적·정신적으로 성감을 북돋워 반사적으로 사정"하는 행위로 정의된다.[3] 원칙적으로 남녀의 삽입 성교 이외의 모든 성적 행위는 성도착에 해당한다고 봐도 무리가 아니다. 야동을 보면서 성적으로 흥분하

---

2. 〈오마이뉴스〉, "나는 10대 여고생, 임신 촉진제 먹고 있어요", 2009년 10월 4일 자.

3. 인터넷 〈두산백과〉의 '성교' 항목.

고 또 사정까지 한다면, 그것은 틀림없는 성적 행위이다. 그렇지만 남녀가 성기를 삽입하지 않았다는 점에서 성도착이 된다. 마찬가지로 바바리맨의 노출과 몰래카메라 찍기도 성행위이면서 동시에 성도착이다.

야동은 성행위 없는 성행위이다. 성행위 없이 성행위가 이루어지는 것이다. 화성의 우주인이라면 이 점에서 야동이 가장 안전한 것은 물론이고 가장 경제적이며 또 가장 효율적인 성행위라고 생각할지 모른다. 포르노토피아pornotopia라는 우스꽝스러운 신조어도 생겨났는데, 언제 어디서든 인터넷에 접속하기만 하면 성행위가 가능하기 때문이다. 성병이나 임신에 대해 걱정할 필요도 없다. 이와 관련해서, 통 속의 철학자이자 알렉산더 대왕에게 햇빛을 가리지 말고 물러나라고 명했던 통 큰 철학자 디오게네스의 일화가 있다. 어느 날 그는 사람들이 오가는 광장에서 드러내놓고 자위행위를 했다. 무슨 짓이냐고 흉을 보는 행인들에게 그는 다음과 같이 말했다. "배가 고플 때 배를 손으로 문질러 허기를 채울 수 있다면 그것보다 더 좋은 게 어디 있겠소? 성욕도 마찬가지라오."

그런데 야동이 성욕을 한 쾌에 해결해주는 현대 문명의 고마운 선물일까? 사실 우리는 야동의 해악에 대해서 귀가 닳도록 들었다. 야동은 여성을 성적으로 비하하고 성폭력을 조장하며, 학습과 업무 집중에 방해가 된다는 등의 비판을 수없이 들었다. 그러나 비난한다고 해서 야동의 매력과 인기가 사그라지지는 않는다. 오히려 야동 인구가 늘어나는 현실이지 않은가. 그리고 이미 1969년에 덴마크는 세계에서 최초로 포르노를 합법화하였다. 캐나다, 미국, 프랑스, 독일, 이탈리아, 스페인, 스웨덴, 영국, 일본, 뉴질랜드 등의 나라가 덴마크의 뒤를 이었다. 만약 정말로 백해무익하다면 이렇게 합법화하는 나라가 크게 증가하지는 않았을 것이다. 성에 굶주린 사람들이 도처에 깔려있는 한 야동의 인기는 수그러들지 않을 것이다.

야동이 지극히 효율적이라는 것을 부정한다면, 그것은 위선이다. 바바리맨이나 몰래카메라처럼 누군가에게 피해를 주지도 않는다. 그런데 도대체 야동은 무엇에 대해서 효율적일까? 주체할 수 없는 성욕을 해소하는 데 도움을 준다고 대부분 대답할 것이다. 올바른 대답이다. 그런데 이 지점에서 야동의 역설이 시작된다. 야동을 습관적으로 보는 사람을 오랫동안 관찰했다면 화성의 우주인도 이 점을 잘 알고 있을 터이다. 야동의 문제는 그것이 너무나 효율적이라는 데에 있다. 마약과 알코올이 그렇다. 땀 흘리고 노력하지 않아도 너무나 쉽게 얻을 수 있는 쾌락이기 때문에 그것의 유혹에서 벗어나기 힘들다. 같은 행동이 자주 반복되면 습관이 된다. 중독이란 다름 아닌 나쁜 습관이다. 의도하지 않았는데도 손이 저절로 야동을 열고, 다른 일을 하다가도 갑자기 야동 생각이 머리를 치는 것이다. 통계청이 발표한 '청소년

통계'에 따르면 2014년 인터넷 중독률은 중학생이 13.2%로 가장 높고 그다음이 대학생(12.5%), 고등학생(11.7%) 순이었다. 뉴욕대의 미디어 연구자인 칭 선Chyng Sun 교수에 따르면 인터넷 콘텐츠의 약 36%가 포르노이다. 그렇다면 인터넷 중독자의 절반가량이 야동 중독자라고 말해도 과언이 아닐 것이다.

자극적인 것은 중독이 잘 된다. 그리고 중독이 되면 계속 그것을 반복하는 몸으로 바뀌기 시작한다. 그러면서 성도착의 '도착'처럼 본말이 전도되기 시작한다. 처음에는 좋아서 봤다면 중독이 된 후에는 싫어도 계속해서 보게 된다. 김유신이 왜 말을 베었던가. 오늘은 집으로 가야겠다고 생각했는데 정작 몸(말)은 기생집으로 향하고 있었기 때문이었다. 피를 보지 않으면 벗어나기 어려울 정도로 그는 기생집에 중독되어 있었던 것이다. 재작년에 화제가 되었던 법원의 판결이 하나 있다. 지나치게 야동을 많이 보는 남편에게 이혼을 청구할 수 있다는 판결이었다. 독신일 때 야동에 중독이 되면 결혼을 해도 습관적으로 야동을 본다고 한다. 2013년에 개봉된 영화 〈돈 존Don John〉은 포르노를 주제로 다루었다. 인물 좋고 언변도 뛰어난 주인공 돈 존은 마음만 먹으면 어떤 여자도 쉽게 유혹해서 잠자리를 같이할 수 있는 매력남이다. 운 좋게도 포르노 여배우보다 훨씬 아름답고 섹시한 바바라(스칼렛 요한슨)와 사귀게 된다. 그럼에도 그는 그녀와 섹스에 만족하지를 못한다. 포르노만큼 신나고 굉장하며 자극적이지는 않은 것이다. 결국 그녀 몰래 야동을 보다가 발각되고 만다. 영화를 보는 시청자로서는 이해가 되질 않는다. 스칼렛 요한슨인데? 그렇지만 앞서 말하지 않았던가. 포르노만큼 효율적인 섹스는 없다고.

야동의 장점을 다시 생각해보자. 성욕을 해소할 수 없어 괴로워하는 사람에게 포르노는 만병통치약이다. 그러나 건강하면 아무리 대단한 만병통치약도 복용할 필요가 없다. 여자친구가 있다면 포르노를 볼 이유가 사라진다. 사이버 섹스는 진짜 섹스의 대용품에 지나지 않기 때문이다. 그렇다면 원칙적으로 돈 존은 포르노를 더 이상 보지 않아야 옳다. 악화가 양화를 구축한다는 경제학의 원리도 있지만 가짜가 진짜보다 더 좋을 수는 없지 않은가. 그런데 그 불가능한 일이 현실로 일어나고 있다. 통계에 따르면 섹스 파트너가 있는 남자가 없는 남자보다, 그리고 기혼남이 미혼남보다 더 많이 야동을 본다. 아무런 현실적인 이유 없이 법원이 야동 중독을 이혼 사유로 판결 내리진 않았을 것이다. 사이버 섹스를 반복하다 보면 진짜보다 가짜가 훨씬 더 진짜같이 느껴진다.

다음의 사례를 보자. 11살에 처음으로 포르노를 접한 이후로 점차 중독에 빠지게 된 마이클 레이히Michael Leahy라는 남자가 있다.[4]

---

4. Michael Leahy, 『Porn Nation: Conquering America's #1 Addiction』, Northfield Publishing, 2008.

리더십이 뛰어나서 고등학교 졸업식에서 대표 연설을 하고, 좋은 대학을 나왔으며, 남들이 부러워하는 IBM에 취직하고, 거기에다 매력적인 여성과 결혼해서 두 아이를 둔 그는 출세의 가도를 달리는 듯했다. 주위에서 보기에 그는 행복한 남편이자 좋은 아빠였다. 그렇지만 부부 관계는 곪아 터져 파경에 이르고 있었다. 아내와의 성관계에 만족하지 못했던 그는 퇴근 후 집에 와서도 가족과 어울리는 대신에 서재에 틀어박혀 포르노를 보았다. 나중에 이혼당하고 직장에서 해고된 후에야 그는 정신을 차리고 병원에 입원해서 죽기 아니면 살기의 각오로 치료를 받고 중독에서 벗어날 수 있었다. 그리고 지금은 포르노 중독 치료의 전도사로 활발하게 활동을 하고 있다.

미국 인구는 약 3억 2천 명이다. 그런데 미국에서 4천만 명의 사람들이 정기적으로 포르노를 보고 있다. 4천만 명이 모두 중독자라는 것은 아니다. 그렇지만 지금보다 더욱 증가할 가능성도 적지 않다. 중독자는 강박적으로 그리고 반복적·지속적으로 포르노를 본다. 그래서 증상이 심해지면 직장이나 결혼 생활은 물론이고 일상적 삶을 유지하는 것도 불가능한 단계에 이르게 된다. 이러한 단계에서는 개인의 의지력으로 중독에서 벗어날 수가 없다고 한다. 전문 시설에 입원해서 치료를 받아야 한다는 것이다.

진짜 성관계와
가짜 성관계

2016년 9월 15일 자 〈여성신문〉에 현직 기업 임원과 대학병원 의사가 다수의 여성을 상대로 몰래카메라 촬영을 하다가 경찰에 붙잡혔다는 기사가 실렸다. 그중 한 명은 샤워 중인 여성을 몰래 촬영하다가 현장에서 체포됐다. 또 한 명은 대학 캠퍼스에서 특정 옷을 입은 여학생들만 골라 신체 일부를 몰래 촬영하였다. 두 사람 모두 일류대학을 졸업하고 고소득의 전문직에 종사하며, 단란한 가정을 가진 가장들이었다. 이제 지하철이나 화장실 몰래카메라는 대수롭지 않은 일상적 사건이 되었을 정도로 우리나라는 몰래카메라로 몸살을 앓고 있다. 2014년 한 해에 몰래카메라 범죄로 검거된 가해자는 2,905명이었는데, 2015년에는 7개월 만에 1,979명에 이르렀다. 경찰에 적발되지 않은 가해자까지 포함하면 숫자가 얼마나 많이 늘어날까?

이 몰래카메라의 생리를 이해하기 위해서는 가짜 관계가 진짜보다 더욱 진짜처럼 느껴지는 이유를 설명해야 한다. 왜 가짜가 진짜보다 더 좋을까? 이 질문은 바바리맨이나 몰래카메라 촬영자에게도 똑같이 해당되는 질문이다. 여자친구나 아내가 없어서 바지를 내리고 몰래카메라를 촬영한다고 생각하면 오산이다. 마이클 레이히처럼 결혼해서 정상적인 가정을 가진 사람들이 대부분이다. 남들이 보기에 행복한, 그렇지만 속으로는 욕구 불만에 시달리는 불행한 사람들이다. 화성의 우주인이라면 아름답고 매력적인 아내를 제쳐 두고 포르노와 섹스에 빠지거나 지하철에서 몰래카메라 촬영하는 사람들의 심리를 이해할 수가 있을까?

〈돈 존〉에서 돈 존, 그리고 마이클도 여자친구나 아내와는 섹스에 집중할 수가 없다고 대답하였다. 궁색한 변명처럼 들릴지 모르지만 마이클을 비롯한 포르노 연구자들은 그것이 사실이라고 설명한다. 진짜 남자와 여자는 가짜만큼 성적으로 자극적이지 않다는 것이다. 흥분도 덜하다고 말한다. 흥분의 강도에서 진짜는 가짜에 역부족이다.

자극이라니? 흥분이라니? 잠깐 여기에서 멈출 필요가 있다. 아니 애당초 처음부터 이야기를 다시 시작해야 하지 않을까 하는 걱정이 앞서기 시작한다. 이 글의 첫머리에서 우리는 "왜 야동을 보는가?"라는 질문에 대해 성적 욕구의 해소라고 대답을 했었다. 그런데 결혼해서 잠자리를 같이하는 커플이 성적 욕구를 해소할 수 없다는 것이 가당키나 한가? 이치를 따지자면 말이 안 된다. 그러나 현실이 이치에 귀를 기울이는가? 가짜가 진짜를 몰아낸다는 것도 말이 안 되기는 마찬가지이지만 엄연한 현실이다. 도착이나 중독이라는 말이 괜히 생겨난 것이 아니다.

야동을 보면 감전된 듯 짜릿한 전율과 흥분이 생긴다. 놀이공원에서 롤러코스터를 타거나 공포 영화를 봐도 오싹한 전율이 등을 타고 흐른다. 이에 비하면 일상은 따분하고 재미가 없고, 고리타분하고 무미건조하게 느껴지기만 한다. 강렬한 자극이 부족한 것이다. 섹스의 놀이공원이 야동이라고 말해도 과언이 아닐 것이다. 그렇다. 처음에는 그릇 가득히 차오르는 성적 욕망을 분출하기 위해 대부분 야동을 보기 시작한다. 생리적 욕구의 해소가 절박했던 것이다. 그러다가 답답하고 따분하다는 느낌이 들면 우연히 기분 전환으로 야동을 보기도 한다. 그러나 그것은 바람을 쐬거나 음료수를 마시는 것과 같은 단순한 기분 전환에 머물지 않는다. 마치 서정주의 시 「화사」에 나오는 "석유 먹은 듯 석유 먹은 듯 가쁜 숨결이야"와 같은 표현처럼 온몸의 혈관이 팽창하고 성적으로 흥분되기 시작하는 것이다. 그러면서 가만히 잠자고 있던 성욕이란 놈을 난폭하게 뒤흔들어 깨워놓는다. 따분했던 삶에 갑자기 성욕의 폭풍우가 몰아치는 것이다. 이러한 폭풍우에 비하면 여자친구나 아내는 잔잔한 미풍에 지나지 않는다.

성적 흥분과 성욕은 다르다. 성적 흥분과 사랑은 달라도 너무나 다르다는 것은 두말할 나위가 없다. 사이버 섹스와 진짜 섹스의 차이도 성적 흥분과 사랑의 차이보다 컸으면 컸지 덜하지 않다. 화성의 우주인이라면 몸에서 분비되는 호르몬을 가지고 그러한 차이를 설명할 수 있다고 생각할 수도 있겠다. 그러나 아니다. 돈 존의 궁색한 변명을 다시 생각해보자. 그는 바바라와의 섹스에는 집중할 수가 없었다고, 충분히 흥분이 되지 않는다고 말했다. 분명 바바리맨과 몰래카메라 중독자도 그렇게 대답할 것이라고 나는 확신한다. 사이버 섹스와 바바리맨, 몰래카메라 촬영 중독자, 이 서로 다른 세 유형의 성도착자는 한 가지 점에서 기막히게 일치한다. 성적 대상과 일방적인 관계가 되지 않으면 충분히 성적으로 흥분하지 못한다는 사실이다. 나는 상대방을 알고 있지만 상대방은 나를 몰라야만 하는 조건이 충족되어야 한다. 바바리맨이 잘 알고 지내는 이웃집 여자 앞에서 바지를 내릴 수가 있겠는가? 지퍼를 열었는데 놀라 까무러치지 않고 "안녕 바바리맨" 하며 인사를 건넨다면 그의 실망은 이만저만이 아닐 것이다. 마찬가지로 몰래카메라를 좋아하는 남자가 성적으로 흥분하기 위해서는 찍히는 대상이 그 사실을 모르고 있어야만 한다. 그는 일방적으로 보기만 하고 상대방은 일방적으로 보여야만 한다. 쌍방적이 되는 순간에 성적 흥분의 마법은 허무하게 풀려버리고 만다.

일방적인 사이버섹스나 바바리맨과 달리 연인과의 섹스는 쌍방적인 상호 관계이다. 사이버 섹스는 내 맘대로 할 수 있는 자유로운 섹스라는 사실은 아무리 강조해도 지나치지 않는다. 아무 때나 내 마음대로 할 수가 있지만 연인과의 관계는 그렇게 할 수 없기 때문이다. 언제나 상대의 기분을 살피고 의사를 존중해야 하며, 싫다면 내가 아무리 원해도 관계를 가질 수가 없다. 그래서 '데이트 폭력'이나 '부부 강간'이라는 신조어도 생겨나지 않았던가. 고장난명孤掌難鳴이라는 말도 있지만 성적 관계의 본질은 상호 작용에 있다. 그런데 돈 존은 바바라와 그러한 상호 관계를 맺을 수가 없었던 것이다. 헤어지면서 그녀가 던진 말 "네 멋대로 살아라!"—이것이 정확하게 존이 원했던 미약媚藥이었다. 그의 사이버 섹스는 자기 멋대로 자유롭게 할 수 있는 섹스였다. 그에게 상대의 눈치를 보는 것은 피곤하고 쾌락에도 방해가 되는 일이었다. 관계가 없어야만 내 멋대로 할 수 있다.

진정한 의미의
성관계

성욕은 지극히 정상적인 인간의 본성이다. 성욕이 없다면 이미 오래전에 인류가 전멸했을 것이다. 성욕은 자연이 스스로를 유지하기 위한 지혜이다. 자연의 지혜이기는 하지만 성욕은 사춘기에서야 눈을 뜨기 시작한다. 그때가 되면 이성과 성관계를 맺고 싶은 욕망이 생긴다. 그전에는 동성의 또래 집단과 어울리는 것으로 만족했다면 이제는 이성과 어울리지 않으면 직성이 풀리지 않는다. 꿈틀거리며 고개를 드는 욕망이 이성의 품을 갈구하는 것이다.

사춘기는 갑작스럽게 성이 폭발하는 기간이다. 이것이 잘못 폭발되면 일생을 망칠 수도 있다. 왜 그럴까? 사춘기에 접어들면 그전보다 20배가 넘는 성호르몬이 갑자기 분출되기 시작한다. 호르몬의 변화로만 보면 완전히 다른 사람이 되는 것이다. 그런데 그러한 몸의 반란을 거친다고 해서 전부 다 정상적인 어른으로 성숙하지는 않는다. 무엇보다 사회는 성욕을 마음껏 발산하도록 허용하지 않는다. 그러한 사회적 압력이 사춘기의 성욕을 짓누르는 것이다.

　과거에 비해서 현대의 청소년은 사춘기라는 관문을 통과하는데 훨씬 불리한 처지에 있다. 과거에 청소년은 사춘기의 격정과 방황에 휘둘리기 전에 서둘러 결혼을 하였다. 성인식이라는 사회적 장치도 도움을 주었다. 그렇지만 오늘날의 분위기는 많이 다르다. 통계청의 조사에 따르면 2017년 기준 전국 평균 초혼 연령은 남자는 32.94세, 여자는 30.24세이다. 또한 결혼을 해야 한다는 사람들의 비율은 2010년 64.7%에서 2018년에는 48.1%로 떨어졌다. 결혼하기까지 유예기간이 과거에 비해서 10년 이상 길어지거나 아예 싱글인 삶을 선택하는 사람들도 많아지고 있다. 그렇지만 과거와 달리 이제 미혼 남녀는 성욕을 무조건 억제하라는 사회적 압박에 시달리지 않는다. 사이버 섹스의 세계에서는 연인이 없어도 성욕을 자유롭게 발산할 수 있다. 한편으로 이러한 문명의 이기利器는 현대의 청소년에게 대단한 축복처럼 보인다. 그렇지만 이 축복은 자칫하면 저주로 바뀔 수 있다. 과거보다 현대의 청소년이 훨씬 불리한 이유는, 그러한 축복의 양면성에 있다. 현대의 청소년은 과거에 상상할 수 없었던 수많은 유혹에 노출되어 있다. 무엇보다 야동이 그러하다. 마약이나 술처럼 야동은 무척이나 중독성이 강하기 때문이다.

앞서 말했듯이 성욕은 이성 타자와의 만남을 자극하고 충동하는 인간의 본능이다. 성욕의 본질은 그와 같은 타자와의 관계에 있다. 그것은 새로운 관계를 만들고 유지하는 에너지이다. 두 남녀는, 남이 보지 못하도록 온몸을 감추고 있었던 옷을 벗고 자신의 알몸을 상대를 향해 열어놓는다. 존재가 가장 취약해지는 순간이다. 눈이나 귀, 생식기와 같은 구멍은 인간의 몸에서 가장 공격에 취약한 부분이다. 상대가 나를 자기 멋대로 다루지 않을 것이라는 믿음이 없으면 우리는 무방비로 자신을 상대에게 내맡길 수 없다.

그러나 야동을 보는 사람은 상대(포르노 배우)에게 자신을 노출하거나 열어놓지 않는다. 몰래카메라를 찍는 사람도 피사체에게 자신을 개방하지 않는다. 노출하기 좋아하는 바바리맨은 상대가 원치도 않았는데 일방적으로 자기의 생식기를 보여줄 따름이다. 화성의 우주인이라면 왜 이렇게 일방적인 관계에서만 성적으로 흥분하는 것일까 하고 궁금해할 것이다. 눈치 빠른 독자라면 이미 위에서 대답이 제시되었다는 사실을 알고 있을 것이다. 야동은 우리에게 절대적인 권력을 준다. 내가 원할 때 컴퓨터를 켜고, 그러다가 지치면 끄고, 지금 보는 사이트가 맘에 들지 않으면 다른 사이트로 옮기고, 그야말로 야동을 보는 순간에는 내가 왕이 된다. 바바리맨도 상대의 의사를 물을 필요도 없다. 기분이 내킬 때 짠 하고 나타났다가 쥐도 새도 모르게 사라지는 것이다. 몰래카메라는 상대가 알게 되는 순간이 최악의 순간이다. 야동이든 바바리맨이든 몰래카메라든 상대가 몰라야만 왕처럼 행세할 수 있다.

그러나 야동이 무조건 좋다거나 무조건 나쁘다고 말할 수는 없다. 개똥도 약에 쓴다거나 죽을 약 곁에 살 약이 있다는 속담도 있지 않은가. 그리고 아킬레스의 창에 다친 상처는 그 창으로만 치유할 수 있다는 서양 속담도 있다. 성욕으로 피가 끓는 청소년에게 야동은 너무나 좋은 약이다. 여자친구가 없어도 견딜 수 있게 만들어주기 때문이다. 더구나 최고의 장점은, 아무 때나 내가 원하는 때에 수시로 보고 즐길 수 있다는 사실이다. 그런데 이와 같이 노력하지 않아도 쉽게 즐길 수 있기 때문에 야동은 독이 된다. 최고의 장점은 최악의 단점인 것이다. 연인과는 아무 때나 내가 원한다고 해서 내 마음대로 즐길 수가 없지 않은가. 다시 말해 사이버 섹스에 중독이 되면 연인과 진정한 관계를 만들어가는 것이 불가능하다. 포르노토피아에서 언제나 고독한 왕으로 군림하였겠지만 현실은 다르다. 성적 관계가 언제나 일방적이기 때문에 연인과 함께 나누면 쾌락도 배가될 수 있다는 사실을 배우지 못하는 것이다. 이처럼 야동이 가진 최대의 위험은 그것이 타자와 올바로 성적인 관계를 맺는 데 방해가 된다는 점에 있다. 성도착자에게는 타자와 주거니 받거니 하는 상호 관계가 없다. '관계' 없는 섹스가 성도착자의 섹스이다.

마지막으로 정리를 해 보자. 성적으로 왕성한 나이에 우리는 연인이 없어서 임시변통으로 야동에서 위안을 찾는다. 그리고 매력적인 상대와 멋진 연애가 시작되면 야동을 거들떠보지도 않게 될 것이다. 야동은 상대와 손을 잡을 수도, 전화를 할 수도, 만나서 함께 맥주를 마실 수도 없는 영상에 지나지 않는다. 기껏해야 진짜의 그림자, 해가 뜨면 사라지는 어둠에 지나지 않는다. 야동과의 성관계는 진짜 관계가 시작되기 이전의 일시적인 장난으로 끝나야 한다. 그런데 자주 접하다 보면 어느새 그것은 습관으로 몸에 달라붙기 시작한다. 습관을 제2의 천성이라고 하지 않았던가. 결국 야동을 보지 않으면 굶주린 사람처럼 성적 허기를 느끼게 된다. 이 단계로 넘어오면 사이버 섹스가 현실의 섹스를 삼켜버린다. 돈 존처럼 현실의 연인과 관계에 집중할 수가 없게 된다. 달리 말해서 현실이 쾅 하고 붕괴되는 것이다.

섹스는 연인과 관계 맺는 방식의 하나이다. 오로지 섹스만을 하면서 살 수 없기 때문에 섹스만을 위한 관계도 존재하지 않는다. 섹스는 대화하고 일하고 밥을 먹고 잠을 자는 일상적 관계의 한 부분이다. 그런데 야동과 노출증, 몰래카메라는 그러한 일상의 맥락 자체를 배제한다. 관계 맺기에 서투른 사람에게는 그러한 도착적 행동이 대안이 될 수 있다. 그렇지만 그러한 대안에 탐닉하다 보면 나중에는 모든 사회적 관계가 다 망가져버린다.

영원히 열리지 않을 '관계'의 문

일러스트: 박지승

　야동 중독이든 성도착이든, 이것이 야기하는 가장 심각한 폐
해는 관계의 단절에 있다. 인간은 관계 속에 살아가는 동물이다.
관계가 없으면 인간도 사라져버린다. 설상가상으로 성도착은 자
신을 망치는 것으로 끝나지 않는다. 고약하게도 그것은 내가 일
방적으로 관계를 맺는 상대방(피해자)과 미래 배우자의 삶까지 망
칠 수 있다. 성적 관계는 아름다워야 한다. 그런데 바바리맨에게
피해를 입은 여자에게 성은 아름다운 것이 아니라 불결하고 추
한 것이 되어버린다. 한 번이라도 몰래카메라의 피해를 입은 여
자는 어디선가 자기를 지켜볼지 모르는 남성의 시선을 두려워하
면서 살아야 한다. 이렇듯이 아름다워야 할 성이 음험하고 불안
하고 위험한 성으로 변질되는 것이다. 이것이 의미하는 것은 무
엇인가? 관계가 사라진 성적 쾌락, 사랑의 고삐가 풀린 성욕, 최
악의 시나리오이다.

여성 혹은 남성을 절단 내야 할 대상으로 볼 것이 아니라

사회구조적 차원을 들여다보면서 생산적인 담론 기회를 마련할 필요가 있다.

동시에 올바른 방식으로 불안해하는 것을 배울 필요가 있다.

불안을 이전보다 더 강렬하게 체험하게 되는 것은

불가피한 현대 세계의 특징이 변덕스럽고 불안정하며, 불확실하기 때문이다.

Part 8

남자와 여자, 영원한 전쟁

최은주

내 사랑을 찾습니다
I'm Looking For My Love

여성혐오

오늘날의 사회에서 맨움(남성)은 실질적인 선택권을 박탈당했으며 오직 두 가지 기능만을—노동자로서 그리고 애를 키우는 가축으로서—할 수 있을 뿐입니다. 이 일들 때문에 맨움은 낮은 임금을 받거나 아니면 전혀 임금을 받지 못합니다.

1977년에 출간되었다가 1996년에 한국어로 번역된 소설 『이갈리아의 딸들』에 나오는 내용이다. 노르웨이 작가 게르드 브란튼베르그Gerd Brantenberg의 이 소설은 현실 세계의 남성과 여성의 역할을 바꾸어 상상해본 상황을 재현한 것으로, 가부장적 사회의 모순을 보여주는 페미니스트적 작품이다. 재미있는 것은 소설에 등장하는 나라 이름인 이갈리아가 평등주의egalitarian와 유토피아utopia를 합성한 'Egalia'라는 점이다. 현실 세계에서 요구되는 여자의 역할 내지 행동이 이갈리아 국가에서 역설적으로 남자에게 요구된다. 이를 통해 소설은 현실에서 미처 의식 못했던 여성의 역할에 대해 세세한 부분까지 인식하게끔 해준다. 키 작고 통통한 남자가 이상적으로 나오는가 하면, 여성용 브래지어 대신 남성용 페호라고 하는 것이 등장한다. 남성은 수다를 좋아하는 '약한 성性'이면서 '야생 원숭이에 불과한' 존재로 묘사된다. 반면 여성은 역사 자체를 직접 쓰기 때문에 무엇을 출판할 것인지, 무엇이 중요하고 무엇이 중요하지 않은지를 결정한다.

이 소설이 다시 주목받은 것은 이갈리아라는 이름이 아닌 '메갈리아'라는 이름의 등장 때문이다. 메갈리아는 중증 급성 호흡기 질환 메르스MERS와 소설의 제목에서 따온 이갈리아를 합성한 새로운 용어이다. 이 장에서 논할 이야기의 소재이다. 메갈리아는 온라인상에서 여성 비하와 혐오를 일삼는 남자들에 반발하며 등장한 남성혐오 사이트이다. 그동안 온라인상에는 남자의 경제력을 지나치게 따지는 여자를 '김치녀'라고 부르거나 삼일에 한 번씩 맞아야 한다는 뜻에서 '삼일한'으로 부르며, 여자를 '개념 없는' 존재라고 비난하고 비하하는 글이 올라왔다. 이에 여자들은 분노를 표하기 시작했다. 그동안 여자를 비난했던 남자들과 똑같은 방식으로, 메갈리아를 통해 숨 쉴 때마다 한 번씩 맞아야 한다는 뜻의 '숨쉴한' 등으로 남자를 비하하고 혐오하기 시작했다.[1] 물론 사이버 공간에 뿌리 깊게 스며있던 여성혐오적 문화를 메갈리아가 전복시켰다는 의견도 있지만, 이제 서로가 첨예하게 대립하면서 온라인 공간에는 전투를 벌이는 여자와 남자만이 남았다는 비판도 있다.

어째서 '사랑'을 주제로 한 이 책에서 남자와 여자의 전쟁을 논해야 할까? 그것은 아마도 '가깝고도 먼' 혹은 '알다가도 모를' 관계를 남자와 여자 서로에게서 발견할 수 있기 때문일 것이다. 남자와 여자는 사랑에 빠질 수도 있지만 먼저 성차에 의한 대립 구도에 놓여있다. 이 성차는 자연적인 차이뿐만 아니라 훨씬 더 복잡한 구조의 영향을 받고 있다. 사회는 자연적인 유사점들과 차이점들에 더하여 "인간의 상상을 통해 도입한 인위적인 구분과 차별들이 강제로 부과"[2]한 구조로 되어 있다. 이를테면 통계에 의한 사회분석에 '성차', '성비'가 크게 관여한다. 고용 비율부터 시작하여 임금 격차, 정년 차, 사망 원인까지 성차는 남성과 여성을 연합하기 어려운 관계로 몰아갈 때가 많다. 그렇기에 남녀는 서로 연합이 가능하기도 하지만, 쉬이 증오와 혐오의 대상이

---

1. 2015년 메르스 사태가 한국을 덮쳤을 때, 한국인 격리 대상자 가운데 한국 여성 두 명이 격리 요구를 거부했다는 언론 보도가 나왔다. 그러자 한국 여성 전체를 향해 '개념이 없다'며 비난하고 비하하는 글이 온라인상에 가득 찼다. 사실 이보다 훨씬 전부터 여성혐오에 대한 발언들은 시작되었는데, '취집에 목숨 거는 김치녀'라는 표현과 함께 젊은 여성들을 한국에서 제일 살기 편한 집단으로 손가락질하였다.
2. 지그문트 바우만(조은평·강지은 역), 『고독을 잃어버린 시간』, 동녘, 2012, 352쪽.

되기도 한다.

'혐오'란 무엇일까? 원래는 신체의 정결함, 안정과 연관된 단어였다. 인간이 아무리 정신적으로 고양되었다 하더라도 몸에서는 눈물이며 땀, 똥과 같은 여러 분비물이 나온다. 이런 것들은 부적절하고 불결한 것으로 취급된다. 따라서 분비물을 잘 처리하고 멀리하는 것이 인간 진화의 근거가 되었다. 그런데 혐오는 그 범위를 확장하여 인식론적 차원까지 변화시켰다. 신체만이 아니라 문화적·사회적으로 위험한 것, 불쾌한 대상이 형성되었다. '형성'되었다는 것은 물리적으로 위험하지 않은데도 불구하고, 어떤 것을 받아들이지 못하고 거부하는 것을 말한다. 역사 속에서 혐오는 신체성에서 확장된 의미로 특정 집단과 사람들을 배척하기 위한 사회적 노력의 강력한 무기로 이용되어 왔다.[3] 인종을 통한 계급화가 그 예다. 인종계급화의 목적은 자원과 권력에 대한 접근을 차단할 메커니즘을 제공하기 위함이다. 결국 이런 분류가 개인 인생 전반에 영향을 미치고, 스스로도 인종이란 틀에 갇히도록 아주 친숙하게 내면화된다.[4] 히틀러가 순수 아리아족 혈통을 지키기 위해 타민족을 박해한 사실과 유럽인들에 의해 수많은 흑인들이 린치당한 사건들을 상기해볼 수 있다. 차별의 대상에는 여성, 성소수자, 외국인 노동자, 장애인 등이 있다.

3. 마사 너스바움(조계원 역), 『혐오와 수치심』, 민음사, 2015, 201쪽.

4. BBC, 〈Racism: A History〉 Part 3 "Savage of Legacy".

인종 개념이 사실은 사회가 만들어낸 상상의 산물이면서 동시에 타 집단을 지배하려는 시도를 정당화하기 위함이다. 이런 '미워하고 중오하는' 혐오의 의미는 사라진 것이 아니라 암살, 대학살 등으로 오랜 기간 동안 정당화되었으며 '혐오 발언hate speech'이라는 형태의 폭력으로 현재 한국 사회에도 존재하고 있다.

　그러면 타자화 된 이들은 어째서 미워하는 사람들에게 직접적인 해를 끼치지 않는데도 혐오의 대상이 되었을까? 남자와 여자로부터 이야기를 시작해보겠다.

남자와
여자

근원적으로 볼 때, 남자와 여자는 사랑과 연애 그리고 나아가 결혼을 통해 인생을 함께할 짝이다. 수많은 위대한 문학작품들조차 여자를 더없이 훌륭한 인물로 묘사하거나 칭송하였다. 고대 그리스의 극작가 에우리피데스 역시 그의 연극에서 담대하고 지혜로운 여주인공들을 탄생시켰다. 기원전 425년에 그가 쓴 비극 『안드로마케』에서 트로이 왕국의 최고 장수 헥토르의 아내 안드로마케는 남편이 죽고 스파르타의 왕 메넬라오스가 자신을 죽이려고 할 때 살려달라고 애원하는 대신 당당하게 이렇게 말한다. "죽일 테면 죽여요! 나는 결코 아부의 말은 하지 않을 거예요. 당신이 스파르타에서 위대하다면, 나는 트로이에서 위대했으니까. 내가 지금 불운하다고 해서 우쭐대지 말아요. 당신도 불운해질 수 있으니까요." 그러나 영국 작가 버지니아 울프Virginia

Woolf가 『자기만의 방A Room of One's Own』(1929)에서 지적했듯이, 역사적으로 실제 여자들은 하찮은 존재였다. 『안드로마케』와 같은 문학 속에서 여자는 영감이 풍부한 말과 심오한 생각을 표현하였지만 현실 속 여자들은 거의 읽을 줄도 모르고 철자법도 몰랐다. 또한 아내를 구타하는 것은 남성의 공인된 권리였고 상층민이나 하층민 할 것 없이 수치심을 느끼지 않고 자행했다.

아이러니하게도 멋진 여주인공 안드로마케를 탄생시켰던 에우리피데스 자신은 정작 여성혐오자로 유명했다고 전해진다. 철학자 쇼펜하우어 또한 여성은 유치하고, 천박하며, 근시안적이므로 천성적으로 복종하는 역할에 걸맞다고 주장했다. 이처럼 여성을 혐오하는 문화적 태도가 서구 역사 속에 뿌리 깊이 자리하고 있다. 여성은 그만큼 역사적인 약자이다. 특히 한국 사회는 성 역할이 강요되어왔으며, 지금도 완전히 사라지지 않고 유효하다. 물론 여성의 역할뿐만 아니라 남성의 역할도 강요된다. '여자니까', '남자니까'라는 수식어에 따라 행동을 강요당하거나 '보나 마나 여자야', '남자가 말이야'라는 식의 표현은 여전히 남아 있다. 이렇듯 성비에 대한 편견은 인간을 여자와 남자로 나눌 뿐 아니라 개인 스스로도 성비를 내재화 한다. 사회적으로 활성화되고 있는 양성평등 캠페인과는 전혀 다른 방식으로 성에 대한 확고한 편견이 드러나는 것이다. 물론 이전에도 사랑하는 사이에서조차 인간 대 인간이 아닌, 남자 대 여자로 대립할 수밖에 없는 문제들은 계속해서 존재해왔다. 데이트 비용이나 결혼 비용 등에서 나오는 불평등함이 연애와 결혼을 망쳐놓는 경우가 있다. 결혼 생활에서는 맞벌이와 육아, 가사 등의 집안 문제가 이어졌다. 그러나 그런 것들은 개인 간의 문제로 내재해있었으며 사회적 이슈가 되었을 때도 남성 편, 여성 편으로 나누어지기보다는 통합적인 사회 문제로 다루어졌다.

따라서 여성이 왜 이렇게까지 혐오의 대상이 되었는지에 대해서는 의문을 표할 수밖에 없다. 먼저 남자가 여자를, 여자가 남자를 혐오한다는 것이 어떤 의미인지 생각해봐야 할 것이다. 친밀한 집단의 최소 단위인 남녀 관계는 친밀한 만큼 시간이 지날수록 권태와 싫증을 느끼고 점차 적대감으로 변하기도 한다. 데이트 폭력의 심각성이 여기에 속한다. 본래 가장 좋은 협력 관계였던 것이 파괴되어 생겨난 결과이다. 사실 어디에서도 이만한 협력 관계를 찾아보기 어렵다. 서로의 차이를 기반으로 한 공동체의 성립은 어려워졌고, 그만큼 친밀한 집단은 더욱 절실해졌음에도 불구하고 우정은 실제로 충족되지 못하고 있기 때문이다.

이렇게 한번 생각해보자. '자신을 내어주는' 마음가짐이 아니라 담보권을 행사하려 하며 자신의 욕망을 채우고자 하는 이기심에 의해 남녀 관계가 파국을 맞았던 것은 아닌지 말이다. 사랑 자체는 상당한 취약성을 가지고 있으며, 사랑이 요구하는 것은 생각보다 복잡하다. 겸손과 용기, 믿음과 절제라고 하는 오래된

덕목은 사랑의 속성에서 여전히 유효하다. 사랑의 속성이 이러할진대 개인적 자유가 침해당할까봐 나 자신은 아무것도 바꾸지 않고 내 마음대로 하려고 한다거나, 부담은 떠안지 않는 가운데 원하는 모든 것을 할 수 있는 그런 관계를 고집하려들면 두 사람 사이에는 불평등의 구조가 형성될 수밖에 없다.

　　당신과 당신은 u와 U
　　너희들은 커플링 같구나
　　나는 당신을 끼고
　　당신은 당신을 끼고

　　[...]
　　나는 당신을 당기고
　　당신은 당신을 당기고

　　우리들은 나누어 가진다. 천진하게
　　당신과 당신은 공연에 참여한다
　　거짓말을 할 때도 천진하게

　　김행숙의 「당신과 당신」이라는 시의 일부이다. 시에서 당신과 만날 때 '나'는 존재하지 않고 '당신'만이 있다. '나'는 당신을 사랑하기 때문에 나 자신을 축소하고 때로는 소멸시키기도 한다. 그런데 '당신'은 나와의 새로운 세계에 당신만의 세계를 채우려 한다. 이것은 일방적인 융합이다. 함께한다는 것은 그만큼 어렵고 불가피한 분리 체험으로 인해 함께하고자 하는 욕구는 자주 좌절된다. 개별적 인간 사이에는 경계라고 하는 것이 불가피하게 존재하기 때문이다. 그 경계를 인정하면서 공생해야만 두 사람은 비로소 타자 속에서 자기 자신으로 존재할 수 있다. 일방적인 융합도 지양해야겠지만, 공생하려면 사정이 어떠하든 곁에서 함께하며 서로 도와야 한다. 그런데 그런 돕는 일마저 불가능해지고 관계를 가벼운 쪽으로 지향하게 되었기 때문에, 남녀가 서로 맞추며 타협하고 희생한다는 것은 어려울 수밖에 없다. 서로의 의사를 귀담아듣거나 이해하는 것이 불가능해졌다.

영화 〈사랑도 통역이 되나요Lost in Translation?〉(2003)는 나와 타자 간의 소통에 대한 문제를 보여준다. 샬롯은 사진작가 남편을 따라 도쿄에 왔으나 남편의 일 때문에 그의 생활에서 늘 분리되어 혼자 지낸다. 같이 있을 때조차 같이 있지 않은 것 같은 느낌은 뜬눈으로 밤을 새우게 만든다. 결국 샬롯은 남편과의 미래에 대한 확신까지 잃어버린다. 문제는 수적으로 두 사람이 되었을 때 혼자 있을 때의 외로움을 더 이상 견디지 못한다는 것이다. '혼자'임을 부정적인 어감의 외로움으로 환원시키면서 반고독만을 추구하게 되는 것이다. 이것은 관계의 중요성에만 집착하여 관계 자체가 고독을 완전히 털어낼 수 없다는 사실을 이해하지 못하기 때문이다. 「당신과 당신」이라는 시에서처럼 한 사람이 두 사람의 세계를 새로이 창조하지 못하고 잠식해버리는 것은 잘못이다. 그러나 개인과 개인 사이의 불가피한 경계가 존재할 수밖에 없다는 사실을 인정해야 하는 것도 사실이다.

그런데 두 사람의 공동체 성립이 어려운 이유는 보다 손쉬운 온라인 소통 구조 때문이라는 지적이 있다. 온라인 채팅을 생활화한 여러분은 어리둥절할 수 있다. 쉽고 빠르며 문제를 일으킬 필요가 없는 만남이 가능하기 때문에 더없이 좋다고 생각할 것이다. 자신과 공감할 만한 화두로 온라인상에서 우정을 나누기 시작하면, 실제생활에서 자신만이 배제된 것 같은 외로움 속에서 도망쳤다고 생각할 수 있다. 대신 현실 세계의 만남에서 싫은 것을 점차 참아내기가 어렵다고 느끼고 갈등을 극복하는 것 또한 골치 아프게 여기게 될 것이다. 더구나 온라인의 세계는 현실 세계의 유대관계와 거의 비슷하게 구성되어 있다. 데이트나 미팅은 물론이고, 의사소통이 가능하며 심지어 공동체, 우정도 가능하다. 단지 온라인 세계라는 차이만 있다. 따라서 실제 세계 대신 온라인 세계가 선택되고 실제보다 온라인이 우선시되기도 한다. 다시 말해 옆에 있는 가족이나 친구보다 실시간으로 접속할 수 있는, 그것도 나의 생각에 동조하는 사람들과 자신이 선별한 공간에서 우호적으로 지낼 수가 있다. 궁극적으로는 개인의 문제이면서 가정사와 같은 내밀한 이야기가 온라인 공간을 통해 개방되면서, '나'를 '우리'로 변형시키고 내가 아는 것을 다른 사람들도 알게 만드는 것이다. 바로 이렇게 하면서 의견을 내놓고 주목받고 동조를 얻는 것에 열광하는 것이 온라인의 특징이다.

　문제는 유대를 위해 언어가 극단적으로 과격해지더라도 죄책감에 빠지지 않는다는 점이다. 나아가 어느새 나의 목소리라고 생각했던 것이 타인들에 종속됨으로써 그 반동으로 일어나는 격앙된 감정들 속에 묻혀버리고 만다.[5] 즉 비슷함을 나누는 공동체에 대한 꿈이 이루어지는 것 같지만, 자기 편할 때 접속하고 차단하면 그만인 장소라는 것은 간과하고 만다. 이런 만남은 눈을 마주치고, 말이 오가고, 체온이 감지되고, 살의 접촉이 있는 실제 세계와 달리 '피상적'이다. 필요할 때 이용하고 의기투합할 때 우르르 몰려들 수 있는 반면, 언제든지 접속을 끊음으로써 위험한 순간을 모면할 수 있는 아주 편리한 관계인 것이다. 하고 싶지 않은 이야기나 듣고 싶지 않은 언어를 마주할 때는 이를 차단할 수 있다. 따라서 동일한 타자와 지속적 관계를 맺는 것이 아니라 매시간 다른 타자의 댓글 반응으로 관계가 유지된다. 이런 관계에 익숙해지면 실제 생활에서 부딪치는 갈등과 장애물을 과정이 아니라 종착점이라고 믿어버리기 때문에 사랑을 이어가는

---

5. 찰스 테일러(송영배 역), 『불안한 현대사회』, 이학사, 2013, 42쪽.

것이 어렵게 느껴질 수밖에 없다. 소통이란 '서로를 설명하는 일'로써 서로의 차이 안에서 공통의 것을 끊임없이 만들어가는 과정인 것이다.[6]

6. 엄기호, 『단속사회: 쉴 새 없이 접속하고 끊임없이 차단한다』, 창비, 2014, 168쪽.

편
가르기

앞에서 나는 사랑의 어려움과 온라인의 편의성 간에 제기될 수 있는 문제에 대해 이야기했다. 최근 한국 사회의 여성혐오 현상은 짐작컨대 이런 사랑의 본질적인 어려움이나 온라인의 편의성과도 어느 정도 연관되어 있다. 이야기한 대로 한국에서의 자유민주주의가 어느새 자본주의와 담합하면서 경제적인 자유를 표상하였고, 사회경제가 불안정해지자 그동안 경제적 주체라고 생각했던 남성은 스스로 잉여[7] 노동력으로 분류되는 처지에 놓

---

7. 지그문트 바우만(정일준 역), 『쓰레기가 되는 삶들—모더니티와 그 추방자들』, 새물결, 2008, 32쪽. 저자는 '잉여'가 '불합격품', '불량품', '폐기물', '찌꺼기' 그리고 '쓰레기'와 의미론상의 공간을 공유하고 있다고 지적한다. 따라서 다른 사람들은 당신을 필요로 하지 않으며, 당신 없이도 잘할 수 있고, 당신이 없으면 더 잘할 수 있으므로 당신이 거기 있어야 할 어떤 자명한 이유도 없으므로 '버려져도 무방한 것'으로 설명하고 있다.

이면서 불안과 공포를 경험하고 있다. 또한 비합리적인 경제 환경 및 양극화, 교육의 실패 등이 주변을 장악하게 되었다.[8] 이런 상황에서 팽배한 분노는 자기 비하나 자살과 같이 자신을 향하기도 하지만 혐오, '묻지 마 범죄'와 같이 외부를 향하기도 한다. 다시 말해 상실감에서 빠져나오기 위해서는 스트레스를 해소할 대상이 필요하고, 그 대상은 공교롭게도 강자가 아니라 짓밟을 수 있을 만한 약자를 향한다. 이런 경향은 역사상으로도 오랜 유래를 가진 심리적인 불안에서 기인한다. 즉 자기동일성에 대한 주체의 확신이 약화되거나 혹은 그것이 더욱 절실하게 필요한 시기에 강화되어 나타난다.[9]

인간은 인간 자신을 구별할 수 있는 집단을 필요로 했는데, 예를 들면 '우리'와 '그들'처럼 하나의 동일한 범주에 속한 인간 존재와 나머지 인간들 사이에 차이를 만들어내기 위해 경계들이 설정된다.[10] 문화·인류학자 메리 더글라스Mary Douglas는 『순수와 위험Purity and Danger』에서 내부와 외부, 위와 아래, 남성과 여성, 찬성과 반대와의 차이를 확대하고 강조해야만 질서와 유사한 것이 창출되는 것이라고 지적한 바 있다.[11] 사실 이러한 경계들은 따

8. 〈오마이뉴스〉, "신선했던 '메갈리아', 일베와 동급취급 받는 이유", 2016년 3월 8일 자.

9. 정연식, 「불안과 면역」, 『비평과이론』, 18.2(2013), 149쪽.

10. 『고독을 잃어버린 시간』, 앞의 책, 353쪽.

11. 메리 더글라스(유제분·이훈상 역), 『순수와 위험─오염과 금기 개념의 분석』, 현대 미학사, 2005, 26쪽.

로 떼어놓는다 해도 그 양쪽의 공간들은 서로 합쳐지고 연결되어서 서로 마주할 수밖에 없다. 그러나 바로 그 때문에 더욱 대립되고 모순되는 압박들에 시달리게 된다. 중요한 것은 그러한 압박들이 긴장 상태나 잠재적인 논란과 적대의 대상으로 변환되거나 심지어 영원히 격렬하게 지속되는 물리적 충돌이나 전쟁 같은 큰 불길로 번져나갈 수도 있다는 점이다.[12] 예를 들면 미국에서의 노예해방, 이민자들의 대량 유입 등은 미국을 이룬 앵글로 색슨 미국인들로 하여금 자신들의 남성성과 이에 기반을 둔 '미국성'이 위험에 처해 있다고 느끼게끔 만들었다. 특히 남북전쟁에서 패배한 남부인들은 상실감에 더해 자신들의 신경증적 불안을 아내와 딸들을 탐하려는 흑인 남성의 페니스에 대한 공포로 전이하였다. 이 과정에서 '깜둥이 강간범Negro rapist'이라는 전형이 만들어졌다. 백인들은 흑인 남성을 매달아 마구잡이로 린치하고 페니스를 제거함으로써, 위태로운 남성성, 미국성에 대한 불안에서 벗어날 수 있었다.[13]

미국의 남부인들과 마찬가지로 경제적 위기에 닥친 젊은 한국 남성들은 불안감 속에서 마치 알고 있는 세계와 모든 친숙함을 상실하여, 더 이상 의지할 것이라고는 아무것도 없는 상태에 처했다고 생각하게 되었다. 위기감은 상상을 초월할 정도로 잔혹

---

12. 『고독을 잃어버린 시간』, 앞의 책, 355~356쪽.

13. 「불안과 면역」, 앞의 책, 149~150쪽.

한 방식으로 이루어진다. 즉 그들의 이런 무력감을 이용하는 사람들로부터 '열 대만 맞아, 그러면 취업시켜줄게'식의 모욕과 고통을 당하면서도 지금보다는 더 나은 상태가 될 것이라는 기대감에 상대방과 상하, 주종관계를 맺는다.[14] 다른 한편에서는 자신들을 피해자로, 그 외 여성과 성소수자, 외국인 노동자 그리고 장애인을 경제적 약자가 아닌, 자신들의 자리를 위협하고 빼앗은 피의자로 바라본다. 그들이 지목한 피의자에 대해 사회구조적으로 약자이며 사회적인 혜택이 필요하다는 것은 인정하려 들지 않고 개인적인 노력이 부족하다고만 생각한다. 남성 스스로가 배제되고 타자화 되자 자신과 동일시할 누군가를 겨냥하여 타자화 하고 혐오하면서 비난하기 시작한 것이다.

그런데 어째서 여성에게 혐오감이 집중되었을까? 앞에서 이야기했듯이 남녀는 근원적으로 서로를 향하게 되는 존재이다. 그러나 서로를 통합하는 '인간'으로가 아니라 늘 이쪽과 저쪽으로 나뉘고 대립되어왔다. 남성에게 위기의식이 찾아오는 시점에서 불안감을 벗기 위해 여성을 하나의 공격 대상으로 쉽게 변질시킬 수 있는 것도 그런 이유에서다. 다시 말해 여성혐오는 신경증적 불안이 심화되는 어떤 특정 시기에 두드러진다. 시대가 바

---

14. 한국 사회에서 취업에 대한 두려움이 극단화 되면서 취직을 시켜주겠다는 교수, 친구 또는 선배와 주종관계를 맺으면서 마치 노예처럼 일하고 얻어맞은 사건들이 있다. KBS2 〈추적 60분〉, "청춘 잔혹사: 누가 그들을 모욕하는가", 2016년 5월 4일 방영.

뀌었고 여성들의 사회경제활동이 증가하자 노동력으로서의 여성과 남성의 경계는 어느 정도 불분명해졌다. 여성들이 열등한 존재일 때 남성에게 호의를 받았던 것과 달리, 같은 경쟁 대열에 올라선 지금에 와서 오히려 과거의 혐오 그 이상의 혐오 대상으로 자리매김하였다. 초기 여성의 경제활동에 대해 '여자가 밖에 나가서 고생한다'고 바라보았다면, 경제위기가 지속되면서 남성을 위협하는 것으로 달리 바라보기 시작했다. 그들이 볼 때 여성 전체의 시장 가치는 남성들에 비해 높아진 것이다.

'한국은 누구에게 살기 좋은 나라인가?'라는 설문조사가 있었다. 남성 응답자(청소년, 대학생, 직장인) 3명 중 1명 이상이 20~30대 여성을 한국에서 가장 혜택 받는 집단으로 뽑았다. 또한 응답자 절반 이상이 여성혐오에 공감하며, 90% 이상이 '된장녀(해외 명품을 선호·소비하는 여성)', '김치녀', '김여사(운전 실력이 미숙한 여성)' 같은 표현을 알고 있었다.[15] 남성들의 눈에는 어째서 20~30대 여성이 가장 혜택을 받는 것으로 보였을까? 그 원인이 어디에 있을까? 여성의 '무임승차에 대한 분노'에서 기인한다고 여겨지기도 하지만, 분명 왜곡된 인식이다. 무임승차란 소수자가 국가로부터 받는 보호를 말하며, 세계 어디에서나 강력한 혐오 코드가 된다. 인간 본연의 도덕 감정과 정의감에 기반을 둔 분노가 이 무임승차에

---

15. 〈경향신문〉, "생존경쟁 몰린 남성, '여성혐오'로 표출―남성들, 좌절 원인 다른 계층에 전가", 2016년 3월 13일 자.

대한 것인데, 남자들이 볼 때 여자는 특혜를 받은 계층으로 보인 다는 것이다. 여자는 이제 남자의 밥그릇을 빼앗을 뿐만 아니라 남자의 경제력에 여전히 의존하기 때문에 자산이 많은 남자를 선호하는 이중 잣대를 보여준다고 여긴다. 경제력과 같이 조건 만을 중시하는 여자로부터 모욕당하거나 이별을 통보받는 경험 들을 통해 남자들은 물질만능주의로 전락한 한국 여성의 잘못된 사고방식을 맹렬하게 비난하기 시작하였다. 근원적인 남녀 관계 가 물질의 문제로, 능력의 문제로 불거지는 것만 같고 스스로 능 력이 없다고 생각하는 남자들은 억울할 뿐이다. 여성 위주의 정 책 때문에 남성들이 사회적으로 누려온 기존의 혜택들을 빼앗기 고 있다고까지 생각한 것이다.

　이렇게 해서 갖게 된 박탈감은 행복에 대한 꿈이 무산되는 공 포감을 유발시키고, 그들의 미래는 사랑도 연애도 결혼도 불가 능하게 보인다. 다시 말해 여성은 미래를 함께할 동반자였다가 위협적인 적이 된 것이다. 이렇게 되면 공포감이 혐오를 생성해 낸다. 여성은 분명 미워하고 증오할 만한 대상이라는 확신이 선 다. 누군가가 온라인상에 푸념하듯 올린 여성혐오적 발언은 박 탈감에 처한 남성들이 여성에 대해 품고 있던 개인적인 감정을 마치 전기가 통한 것처럼 공동 감각으로 확대시켰다. 내 편과 네 편을 가르는 방식의 여성혐오를 통해 유대를 다질 만한 상대를 다름 아닌 온라인에서 찾은 것이다. 마침내 상상은 공통의 감각을 통해 확신이 되었다. 타인의 주목을 끌어내기 위하여 혐오와 차별 발언은 더욱 극단화 되어갔고, 자신들이 입은 상처를 여성들에게 되돌려주기 시작했다. 환호와 즉석의 만족이 이루어졌다. 여성은 남성의 경쟁 상대가 되어서는 안 될 일이었다. 자신들보다는 열등한 존재여야 하고 보호받아야 할 성이며, 평등을 지향한다면 철저하게 자립적이 되어야지 이중적으로 남자에게 기대는 것은 비논리적이라는 것이었다.

이런 생각은 주장이 되고, 기정사실이 되어 폭력적인 언어 소비의 대상이 되었다. 사랑의 속성인 권력욕이 혐오의 지평에서도 그대로 드러난다고 할 수 있다. 여성에 대한 혐오는 여성을 소극적이고 비생산적이며 비도덕적인 존재로 경계 지음으로써 남성 스스로를 적극적이고, 생산적이며, 도덕적인 존재로 부각시킬 수 있기 때문이다. 그런데 여자들이 속물적인 것에 집중하고 있는 것 같지만, 사실은 사랑의 문제가 속물적인 측면과 결합되어 사랑을 소비와 동일시하는 자본적 매체에 의해 왜곡된 것이다. 그들의 미래는 사랑도 연애도 결혼도 희미해지면서 평범한 행복에 대한 꿈이 무산되는 공포감에 사로잡힌 것이다. 그렇게 해서 자신이 꿈꾸는 좋은 공동체에 대한 희망을 끊어버리는 방법으로 여성을 토해내고 뱉어내면서 절단 내버린 것이다. 관계가 불가능할 바에야 먼저 방어기제를 가동하겠다는 생각이다. 그러나 자기를 보존하기 위해, 자기를 위협한다고 생각하는 원인을 제거하다가는 결국 자기 파괴에 이르게 될 수밖에 없다. 언어가 폭력에 물들게 된다면 그것은 상징적 의사소통의 고유한 논리가 왜곡되는, 우발적이고 병리적인 상황에서 일어나는 일이다.[16]

하나의 경험을 전부로 환원시켜 자신이 겨냥한 대상 전체를 공격하는 것은 정의와는 상관없는 일이다. 오히려 공유된 허구에 지나지 않는다. 타자를 희생시키고 결국에는 타자에 대한 공감, 인식 능력과 죄책감까지 마비시키고 만다. 피해의식이 극대화 되면 타자를 도구화 하여 부정하는 나르시시즘에까지 이른다. 온라인 공간은 윤리적 의무가 미치지 않는 곳이다. 그들의 언어는 진실과 진리가 되어갈 것 같은 환상 속에서 편만 가르는 소비의 관계로 남았다. 자유와 평등이 가장 문명화 된 시점에서 공론화해서 문제를 해결하려는 생산적인 담론의 기회를 만들지 못하고 남성 대 여성이라는 갈등 구조만을 남기게 된 것이다. 여성혐오가 불특정 다수의 여성들을 향한 학대의 효과를 낸다는 것은 염두에 두지 않으면서 말이다.

『이갈리아의 딸들』에서 여성인 '움'들은 남성인 '맨움'들이 움만큼 권리를 갖지 못하는 것이 맨움들 스스로 노력하지 않았기 때문이라고 말한다. 그리고 집에 있기를 가장 원한 것이 바로 맨

---

16. 슬라보예 지젝(이현우 외 역), 『폭력이란 무엇인가: 폭력에 대한 6가지 삐딱한 성찰』, 난장이, 2012, 100쪽.

움 자신이었으므로, 맨움들의 가사노동이 지불할 만큼 가치 있다고 생각하지 않는다. 이 소설에서 묘사하는 바에 따르면, 그것은 길들이기에 해당하는 관습 때문인데, 400년 전에는 맨움들의 무릎을 큰 밧줄로 묶어두는 보편적인 관습이 있었다. 무릎을 붙이고 종아리를 움직이는 방법을 배웠던 것이다. 그러면 엄마의 시야에서 벗어나 멀리 갈 수가 없었고 따라서 그들이 충분히 컸을 때 움들로부터 보호를 받을 수밖에 없었다. 소설에서의 남성과 여성은 현실 사회를 역으로 보여준다. 현실 사회와 반대로 맨움들은 노력이 부족해서 움들만큼의 권리를 받지 못한다는 움들의 생각에 지배를 받는다.

어느 한쪽의 이러한 생각은 지배적인 정동과 그 정동을 추동하는 구조적인 조건들을 간과하는 태도이다. 앞의 설문조사 결과는 사회구조 차원의 유불리有不利를 보지 않고 '무임승차'라는 이름을 내건 막연한 정당화이다. 즉 여성 또는 남성을 겨냥할 문제가 아닌 것이다.

게르드 브란튼베르그, 『이갈리아의 딸들』(1977)

역사를 통해 관찰되듯이 자유와 민주주의의 구축은 투쟁 방식에 의해 어렵게 이루어졌지만, 자유롭다는 것은 개인의 행동을 누구도 금하지 않는 대신 그 행동이 개인이 기대하는 이익을 가져다준다는 보장 또한 없는 것이기도 하다. 즉 자유에 안전이 뒤따라오지는 않는다. 따라서 스스로에게 의존하고 스스로를 책임져야 마땅하다. 남성은 바로 그런 주체이며 여성은 스스로 책임지지 못하는 존재로 보였던 것이다. 그런데 '기여하는 만큼 받아야 한다'는 일부 남자들의 생각은 그렇게 믿고 싶었기 때문에 진실로 둔갑하여 여자들을 징계하고 싶은 의지를 갖도록 만든 것은 아닐까? 이렇게 하여 시작된 남자들의 여성혐오 발언에 오랫동안 뒤로 물러나있었던 여자들이 똑같은 방법으로 반란을 일으키자, '혐오를 혐오로 되갚아주는' 방식밖에 되지 않는다고 여성을 비난하는 목소리가 이어졌다.

여기에서 문제가 제기되어야 할 것이다. 남자들이 여성혐오를 '정당'하다고 말하면서 공격하는 근원은 불안감인데, 불안의 원인은 정작 다른 곳에서 시작되고 있다. 불안이 어째서 생겨날까? 고용 불안정에 따라 정규직 비율은 줄고 그만큼 비정규직 비율이 늘어나면서 본인이 정규직에 편입되지 못하는 상황에 놓이거나, 실업에 의해 배제되는 상황을 쓰라리게 경험할 때 생겨난다. 이런 상황은 남성의 전유물이기만 할까? 따라서 혐오할 권리가 남성에게만 있을까? 그렇지 않다. 이런 상황은 남성, 여성 할 것 없이 다 같이 직면하고 있다. 그런데 언론에서조차 남성과 여성을 가르고 부추긴다. 남성들의 여성혐오에 대한 여성들의 대응이 시작되자, 남성의 삶이 더 힘든지 여성의 삶이 더 힘든지를 가지고 싸우는 '소모전'만 있을 뿐이라며 '타인에 대한 존중'이며 '남녀를 넘어선 인간을 향한 감수성이 필요한 때'라는 각성을 요구하는 목소리가 높아졌다.[17] 어째서 여성의 대응이 나오자마자 '남녀'가 아니라 '타인', '인간'에 대한 표현들이 부각된 것일까? 언론은 남성들의 여성혐오를 혼자 하는 넋두리나 루저loser들의 실수 정도로만 판단한 게 아닐까? 정작 각성하고 반성해야 하는 것은 여성인 것처럼, 여성들의 대응에 대해서는 '괴물과 싸우다가 괴물이 되어간다'는 식으로 위험하게 바라보고 있다. 그러나 이러한 태도는 여성에 대한 남성의 공격적인 모습에는 익숙하지만 남성에 대한 여성의 공격적인 모습에는 익숙하지 않음을 반증하는 것이기도 하다. 여성들은 여성혐오를 통해 자신들이 처한 사회적 관계며 구조적 차별에 대해 비로소 인식하게 되면서 분노를 표출하기 시작하였다.

『이갈리아의 딸들』에서 이와 같은 사회문화적 분위기를 엿볼 수 있다. 이갈리아의 모든 문화는 움들에 의해 지배되므로 맨움들은 근육질의 몸을 가지고 있음에도 땅을 경작할 수 없다고 생

---

17. 〈중앙일보〉, "선생님도 '김치녀'인가요?" 초등 남학생까지 여성 조롱, 2015년 4월 25일 자

각한다. 소설에서 강인한 체격과 넓은 어깨를 가진 맨움은 한탄할 만큼 남성성이 부족한 것으로 여겨진다. 마침내 맨움들은 동맹을 맺고 자신들의 역사가 움들에 의한 이데올로기에 의해 설계된 것임을 의심하고 조사하려 하지만, 움들은 이런 맨움들의 행동을 사회질서를 침해하려는 것으로 보고 그들을 위협함으로써 위험을 방지하려고 한다.

증오와 혐오는 그 대상에 대한 구체적인 근원적 이유를 갖고서 발생되기보다 믿는 대로의 추측과 상상에 의해 발현된다. 역사를 거슬러 과거에 대한 향수처럼 이런 소수자들에 대한 착취 역사를 재창조하고 싶었던 것은 아니었는지 묻고 싶다. 애꿎은 타자를 혐오 대상으로 생산하는 일은 개인의 상상적 차원에서만 이루어진다면 정신 건강에 도움이 될지도 모른다. 익명의 사람들의 경험이 한데 모여 진리인 양 과격하고 자극적인 담론을 생산해내면 상실감이 회복된다고 느낄 수도 있다. 그러나 집단의 차원에서 죄 없는 희생양들을 양산할 경우, 터무니없는 담론들을 만들어낼 수 있다. 이에 대해 한국 사회가 더 이상 '곁'[18]이 아니라 '편'을 강요하기 때문이라고 보기도 한다. 그러나 결국 자신

---

18. 『단속사회: 쉴 새 없이 접속하고 끊임없이 차단한다』에서는 '곁'과 '편'이라는 단어를 대조적으로 사용한다. '곁'은 서로를 참조하며 배우는 언어가 가능한 공간, 개인적 경험을 공적 이슈로 바꾸는 역량이 자랄 수 있는 공간인 반면, '편'은 '지지 혹은 적대'의 세계이기 때문에 자기가 지지하는 쪽은 무조건 옳고 반대편은 무엇을 하더라도 틀리다고 설명한다. 8쪽.

과 같은 어려운 상황에 처한 사람들을 혐오하는 것에 지나지 않는다면 현대문명의 소산인 나르시시즘에 의해 도덕적 이상이라는 것을 가질 수 없음을 보여줄 뿐이다.

연합의 최소 단위,
사랑

그런데 이렇게 해서 타자화 한 타자로부터 과연 벗어날 수 있을까? 남성의 삶이 더 힘든지, 여성의 삶이 더 힘든지를 가지고 싸우는 결과는 앞에서 보았듯이 서로를 짓밟고 절단해버릴 뿐이다. 사실은 "인간의 유대, 사회적 유대, 동반자적 유대가 퇴색하고 시들며 허물어지고 해체되는"[19] 속에서 자신의 개인적 정체성을 인정받고자 하는 욕구가 강해질수록 친밀성에 더욱 기대고 매달리게 된다. 사랑하고 사랑받는 파트너에게서 이것을 기대하는 것은 당연하지만, 그 강도가 예전보다 훨씬 강렬해졌기에 상대에 대한 기대가 지나칠 정도로 커졌다. 따라서 관계에 대한 실질적인 충족은 이루어지지 못해서 좌절되고 서로를 끝없이 비난

---

19. 지그문트 바우만(이일수 역), 『액체근대』, 강, 2005, 259쪽.

하게 된다.

그렇다면 여성에게 피해를 입은 것이 아니라 인간과의 진정한 소통에 마음을 기울이지 않았거나 반드시 일어나는 갈등을 참지 못한 것은 아닐까? 타자를 받아들이는 일에도 자기 탐색이 필요하다. 타자와의 공존에서 자연스럽게 일어나는 불화를 참지 못하고 대상 속의 주체를 삼키고 흡수해서 자기 것으로 만들려고 한다면 욕망을 사랑으로 착각하는 것에 지나지 않는다. 고통과 위험이 없는 관계는 자유를 주고 편리함을 약속하는 대신 돈독한 그 무엇, 힘들게 쌓아온 의리 같은 것은 있을 수 없다. 마찬가지로 "진짜 사람들과 대화하고 소통하는 일도 점점 덜하게 될 것"[20]이며, 그만큼 더 어려워질 것이다. 진짜 사람들과의 힘든 관계를 견뎌내는 법을 잊어버릴 것이기 때문이다.

혐오로 쪼개진 세상을 하나로 묶는 '사랑'

일러스트: 박지숭

---

20. 『고독을 잃어버린 시간』, 앞의 책, 31쪽.

영화 〈자유의 환영The Phantom of Liberty〉(1974)은 식당을 마치 공중화장실처럼 바꾸어놓는다. 문을 잠그고 버튼을 누르면 식판에 담긴 음식이 승강기로 배달된다. 밖에서 문을 두드리면 "있습니다"라고 대답하고, 문을 두드린 사람은 "죄송해요"라고 자리를 뜬다. 마치 식사라는 행위가 옷을 벗고 배설을 하는 장소처럼 전환된다. 여기서 과연 문을 잠그고 방어하는 자신의 실체는 무엇일까? 소비되는 일체의 것이 개인적으로 소비될 뿐 협동은 요구되지 않기 때문이라는 해석이 가능하다. 식사가 사교와 친목의 행위라는 점을 생각해볼 때 자유의 측면이 이런 방식으로 소비되는 것은 아이러니가 아닐 수 없다. 40년이 지난 이 영화가 에드워드 호퍼Edward Hopper의 회화 〈오토매트Automat〉(1927)와 오버랩 되는 것은 뻔히 예견된 미래였기 때문일 것이다. 여성 혼자 앉아 있는 식당에는 아무도 없다. 여성만을 클로즈업한 것 같지만, 제목에서 알 수 있듯이 여자가 앉아있는 식당은 과거 한때 무인자동판매기로 음식과 음료를 팔았다. 1인 가구가 급격하게 증가한 지금 혼자 밥을 먹는 것은 일상이 되었다. 혼자 식당에 가는 일이 잦아지면서 식당들은 아이디어를 짜서 1인석을 만들어냈다. 심지어 다른 사람의 얼굴을 대면하는 어색함을 피할 수 있도록 독서실 칸막이 같은 테이블이 제공되는 곳도 있다. 이것은 편리함과 사생활 보호를 위한 것이지만, 달리 생각해보면 개인의 시간과 공간이 더욱 고립된 방식으로 조장되는 것이다.

이처럼 자유는 편리하지만, 한편 외로움이 동반된다. 그래서 일까, 공동체주의가 새로운 열망으로 떠오르고 있다. 열망과 동시에 너무 깊이 개입하고 개입되는 것에 자유를 빼앗길까 두려워진다. 이런 이유가 언제든지 접속하고 차단할 수 있는 네트워크로 눈을 돌리게 만든다. 상상 가능하게도 접속은 '가상적 관계'이다. 여기에서의 관계는 자유를 보장하고 외로움도 해결하는 것처럼 비치지만, 서로를 참조하며 배우는 '곁'의 언어가 가능한 공간, 개인적 경험을 공적 이슈로 바꿀 역량이 자랄 수 있는 공간이 되기에는 역부족이다. 하기 좋은 말과 듣기 좋은 말만 기대하는 자리이기 때문이다. 따라서 책임을 공유하며 문제를 해결하려는 노력이 어려워지고 책임을 회피하고 남에게 미루는 기술만이 남는 장소가 될 가능성이 아주 높다.

이 지점에서 생각해봐야 할 것이 있다. 자유란 개인적인 불행을 포함한 모든 불행의 사회적 원천과 투쟁하는 데 온전히 사용해야 하는 것이지 사회적 원천에 기대어 사적인 불행을 부채질하고 방치하는 데 사용해서는 안 된다.[21] 여성 혹은 남성을 절단내야 할 대상으로 볼 것이 아니라 사회구조적 차원을 들여다보면서 생산적인 담론 기회를 마련할 필요가 있다. 동시에 올바른 방식으로 불안해하는 것을 배울 필요가 있다. 불안을 이전보다

---

21. 테오도르 아도르노, 『액체근대』, 지그문트 바우만 재인용, 344쪽.

더 강렬하게 체험하게 되는 것은 불가피한 현대 세계의 특징이 변덕스럽고 불안정하며, 불확실하기 때문이다. 따라서 내가 속한 세계의 사람이 나 자신만큼이나 소중한 것이며, 타자는 나의 세계를 구성하는 그 자체로의 고유성을 보호받아야 마땅하다. 남녀 또한 서로가 공동의 삶을 기획하고 이와 관련된 문제에 있어서 의사결정권을 공유할 때 진정한 파트너가 될 수 있다.

한 아이가 느끼고 실험하고 탐색할 수 있는 자신의 몸이라는 우주와

자기를 둘러싼 사물과 세계에 대한 호기심과 애착의 장을

너무 섣불리 이성애 서사에 가둬두는 것은 아닌지 되물어야 한다.

왜냐하면 우리는 이성애, 동성애, 양성애, 무성애 등의

다양한 성적 지향성을 가진 존재이기 때문이다.

Part 9

사랑의
다양성

윤지영

내 사랑을 찾습니다
I'm Looking For My Love

한 청소년의
쓸쓸한 컬러링

  이 사회에서 가장 민감한 사안이 뭘까? 아마도 그건 성에 대
한 문제일 것이다. 이 사회에서 누가 성행위를 할 수 있으며, 어
떠한 것이 성적인 것이며, 승인받을 수 있는 행위인가에 대한 문
제 말이다. 바로 이러한 질문 앞에서 투쟁을 벌였던 인물이 있는
데 그는 바로 육우당이다. 육우당은 청소년 활동가이자 시조 시
인, 아마추어 연극배우이기도 했다. 다재다능한 예술적 감수성
을 지닌 이이자 미성년자를 제대로 된 시민으로 인정하지 않는
이 사회에 저항하고자 한 인물이다. 나이에 따른 위계질서가 강
한 한국에서, 청소년이라는 위치를 가진 이였고 이성애 중심 사
회에서 동성애라는 성소수자의 위치를 가진 이였다. 이러한 이
중적 차별구조에 대해 정치적 민감성을 지닌 이가 육우당이었
다. 여기서 주목해야 할 것은 다음 두 가지이다. 첫 번째로 우리

사회가 동성애라는 성 지향성-어떠한 대상에게 성적으로 이끌리는가-에 대해 인정하지 않았다는 것이고 두 번째로 청소년이라는 미성년자들을 성적으로 무지하고 순수한 상태로 머물러야 하는 존재로 보는 관점이 있다는 점이다. 바로 이 두 요소가 차별의 벽을 두껍게 만든 원인들이었다.

과연 누군가를 사랑하고 욕망할 수 있는 것이 20살을 넘은 이들만의 것이어야 할까? 나아가 사랑의 대상이 이성애가 아니라는 사실이 그토록 배척의 대상이 되어야만 할까? 이러한 실존적 질문들이 온 존재를 관통하였을 육우당은 "자살하기 전, 휴대전화 통화 연결음이 '비명소리'였다고 한다. 그것은 동성애자 청소년을 죽음으로 몰고 가는 이 사회에 보내는 경고음이 아니었을까."[1] 결국 그 외마디 경고음을 제대로 듣지 못한 우리 사회는 육우당의 죽음을 야기하고 말았다. 2003년 4월 상근 활동가로 근무하던 동성애자 인권연대 사무실에서 그는 사회적 타살이기도 한 자살을 하였다. 이 죽음은 동성애자에게 부여되지 못한 인권 개념에 대한 저항 행위로 기억된다.

현행 청소년보호법(이하 청보법) 시행령 제7조는 '수간을 묘사하거나 혼음, 근친상간, 동성애, 가학·피학성 음란증 등 변태성행위, 매춘행

---

1. 〈한겨레신문〉, "어느 10대 동성애자의 자살", 2003년 5월 8일 자.

위 기타 사회통념상 허용되지 아니하는 성관계를 조장하는 것' 등을 청소년 유해 매체물 심의 기준으로 규정하고 있었는데, 청보위는 앞으로 이 심의기준에서 동성애자의 인권 차별을 해소하기 위해 '동성애'를 제외하겠다고 밝힌 것이다.[2]

다시 말해 육우당의 죽음은 동성애를 비정상적이고 병리적 성애로 분류해왔던 현재의 인식 구조를 개선하는 데 크게 기여하였다. 또한 학생인권조례가 제정되는 데에 있어 주요한 사건으로 자리 잡게 되었다. 인권이라는 인간의 권리가 이성애자 성인에게만 한정적으로 배분되어온 것임을 육우당은 죽음을 통해 폭로한 것이다. 즉 인권의 대상에서 동성애자와 청소년을 제외한 결과가 어떠한 사회적 타살의 압박이 될 수 있는가를 직면하도록 한 것이다.

---

2. 〈오마이뉴스〉, "청소년 유해매체물에 동성애 삭제키로", 2003년 4월 29일 자.

동성애에 대한
편견 가루 내기

프랑스에서는 p로 시작하는 두 가지의 낙인 범주가 있다. 이 낙인 범주는 비속어인데 일상에서는 우스갯소리처럼 사용되기도 한다. 그뿐만 아니라 이것은 상대에게 열등함을 각인시키는 욕설이자 한 공동체에서 배제당할 수 있는 공포감을 조장하는 언어적 위협이기도 하다. 이러한 비속어 중 하나는 여성에게 있어 최대의 욕설이라 할 수 있는 창녀를 의미하는 putain이다. 또한 남성에게 있어 비하의 최대치는 게이를 의미하는 pédé이다.

이 두 가지 비속어에는 두 가지 통념이 녹아 들어있다. 첫 번째는 '남성 중심적 관점'으로 남성과 여성을 위계적으로 나눈 것이다. 그래서 여성을 성적으로 소유할 수 있는 대상으로, 남성을 정복하는 자로 분류한다. 두 번째는 '이성애 중심적 관점'으로 남성은 반드시 여성을, 여성은 반드시 남성을 사랑하고 욕망하는 것이 유일한 인간의 본성이라고 규정하는 것이다.

다시 말해 putain이라는 욕설은 여성이 감히 남성처럼 욕망의 주체가 되고자 하는 것이므로, 전형적 여성성에 대한 위협 행위로 보는 것이다. 왜냐하면 전형적인 여성은 순응적이며 자기 욕망에 무지해야 하기 때문이다. 그렇기에 자신이 무엇을 성적으로 원하는가를 알고 이를 드러내는 사람을, 사회의 질서에서 벗어난 괴물로 취급하는 것이다. 또한 pédé의 경우 남성이 여성에 대한 성적 공격성을 실행하지 않고 남성을 사랑하고 욕망한다는 것이므로, 전형적 남성성에서 벗어난 상태이자 여성화된 상태로 여기는 것이다.

이러한 편협한 통념들은 여성들이 욕망하는 존재라는 것과 여성 동성애자의 존재를 효과적으로 지워낸다. 또한 남성 동성애자에 대한 혐오를 조장하는 것이기도 하다. 즉 이것은 다양한 성적 실천들과 다양한 성적 지향성을 지닌 이들의 세계를 지워내는 폭력이라고 할 수 있다. 그렇다면 이러한 낙인이 작동하는 이유를 비판적으로 해부해보자.

동성애에 대한 편견의 이면에는 무엇이 도사리고 있는가? 여기에는 모든 성행위를 삽입하는 행위로만 보는 통념적 성의식이 깔려있다. 성적인 행위가 과연 무엇인가에 대한 호기심과 이에 대한 숱한 질문들, 다양한 실천들이 제대로 영글기도 전에, 우리는 성을 어떻게 규정짓고 있는가? 성이란 줄곧 삽입하는 자로서의 남성과 삽입당하는 대상으로서의 여성 간의 위계적 관계로 묘사되어 왔다. 그리고 이를 정상적인 성이자 성 본능으로 단정 짓는다. 이러한 삽입 중심적 행위로 성을 묘사할 때, 삽입하는 자는 능동적이고 공격적인 상태, 여성의 처녀성을 빼앗고 이를 전리품처럼 모으는 정복자의 위상이 부여된다. 이에 반해 삽입당하는 자는 수동적이고 방어적이며, 자신의 온전성에 타격을 입은 피해자의 위상이 부여된다. 이를 통해 여성과 남성 사이에는 이중적인 성 규범이 발생하게 된다. 그러하기에 같은 학교, 같은 커뮤니티에서 연애를 할 경우에도 남성과 여성의 행동양식은 다르게 나타난다. 남성은 끊임없이 자신의 성적 능력이나 연애의 빈도수를 과장하여 자랑거리로 삼는다면 여성은 끝까지 성적 행위를 하지 않았음을 강변해야만 하는 것이다.

이런 삽입 중심적 성의식을 가진 사회에서 나타나는 대표적인 편견이 '처녀막'이라 할 수 있다. 여성의 질에는 질을 둘러싼 얇은 근육이 있는데, 이것이 맨 처음 삽입 성교를 하는 과정에서 찢어지면서 피가 나온다는 통념 말이다. 즉 남자가 삽입을 했을 때 질에서 피가 나지 않으면 '순결을 잃은 더러운 여자'라는 낙인을 찍곤 한다. 하지만 질 근육은 사람마다 태어날 때부터 형태가 매우 다양하며, 운동을 통해서 찢어지기도 하고 성관계를 한 뒤에도 남아 있기도 한다. 그러므로 이것을 '처녀막'이라는 신체적 정조대로 여길 수는 없다. 마치 남성이 여성의 성기를 보자마자 그 여성의 처녀성과 비처녀성을 즉각적으로 판별할 수 있는 인식 능력이 있다는 환상이 처녀막 용어에 깃들어있기 때문이다. 이미 남성이 모든 지식의 독점자여야 하고, 자신의 성적 정복 대상물에 대한 지식 여부가 통제의 권력과도 이어진다고 보는 것이다. 이와 같은 처녀막 신화는 성관계를 이성애자 남성이 이성애자 여성을 탈취하고 정복하는 행위로, 남성의 성기를 공격 무기로만 보는 시각을 잘 드러낸다.

이러한 삽입 중심적 성의식은 이성애자 여성과 이성애자 남성 간의 불평등한 성규범의 원인이 되기도 한다. 나아가 남성 동성애자를 비하하는 관점과도 연결된다. 왜냐하면 남성들 간의 성행위 역시 삽입 중심적 행위로 축소되기에, 남성이 삽입하는 주체가 아닌 삽입당하는 대상이 될 수 있다는 것에서 여성이라는 열등한 상태로 추락한다는 공포가 발동하기 때문이다. 즉 동성애에 대한 혐오와 배척은 이성애자 남성을 인간의 표준형으로 놓는 것에서 출발한다. 이성애자 남성이 누리는 삽입하는 자로서의 우월성을 구사하지 못하기에, 동성애자 남성을 '덜된 존재'이거나 '여성화 된 존재'로 보는 것이다. 이러한 동성애 혐오주의는 여성에 대한 혐오와 이성애자 남성에 대한 우위성을 바탕으로 하는 것이다.

그렇다면 이 사회에서 동성애자 여성들에 대한 인식은 어떠한가. 레즈비언은 동성애자 남성들에 비해 혐오의 표적에서 비껴

나가있는 듯 보이지만 이는 레즈비언을 제대로 된 성 지향성으로 인정하지 않는 편견 때문이기도 하다. 제대로 된 성행위란 남성에 의한 여성의 정복인데, 여성과 여성 간의 성적 행위란 아무것도 일어나지 않는 일이 되어버린다. 여성과 여성 간에는 처녀성 손상이 일어날 수 없다고 봄과 동시에, 진짜 성적 행위의 완결은 남성이 결정한다는 관점이 전제되어 있기 때문이다. 성적인 행위의 시작과 절정과 결말을 모두 남성이 진두지휘하고 규정할 수 있다는 통념의 반영인 것이다. 그리하여 레즈비언은 언제든지 남성의 삽입을 통해 이성애자 여성으로 교정될 수 있는 존재라고 보는 관점이 녹아 들어있다.

다시 말해 이성애자 여성에 대한 엄격한 성규범의 적용부터 게이에 대한 혐오와 레즈비언에 대한 교정 욕구는 삽입 중심적 성행위를 모든 성적 실천의 양태로 한정하는 관점에서 비롯된다. 그렇다면 과연 모든 성적 행위는 삽입에 불과한가. 삽입의 신화를 지탱하기 위해서 페니스는 항시 딱딱하게 굳은 상태이자 무언가를 찌르고 공격하는 무기의 용도가 되어야 한다. 하지만 페니스는 우뚝 솟은 돌덩이가 아니다. 이것은 물러지고 작아지기도 하고 뜨거워지기도 차가워지기도 하고 축 늘어지고 처지기도 하는 살덩어리일 뿐이다. 즉 페니스를 발기의 화신이 아닌, 시시각각 변형되는 살의 유동성 안에서 다시 읽어낼 때에 삽입 중심적 성의식이 무너질 수 있다. 이를 통해 페니스 역시 다른 몸과 접촉하는 살결의 일부임이 드러난다. 우리가 좋아하는 사람을 보면 동공이 확장되고 볼이 발그레하게 상기되고 식은땀이 흐르며 온몸이 마음대로 되지 않는 것과 같이 페니스 역시도 이러한 역동성과 변형 속에서 일렁이는 살결인 것이다. 삽입으로만 성행위를 축소하는 편견에는 페니스 중심성이 전제되어 있기에 이것이 무너져 내릴 때에만 이성애와 동성애, 남성과 여성, 정상과 비정상 등의 이분법적 위계성도 극복될 수 있다.

나아가 우리는 왜 '성적 행위가 무엇인가'라는 정의 방식을 스스로가 아닌 포르노그래피 속 이미지에서만 찾으려는 것일까. 성적인 행위가 무엇인가를 알기 위해서는 반드시 포르노그래피를 참조하고 의존해야 할까. 성적 행위는 다음과 같은 질문들을 수반하는 활동이다. 이것은 과연 '누가' 실천해나갈 수 있는 활동이며 '누구'와 '어떻게' 해나가는 것인가. 이에 대한 끊임없는 물음과 조율, 협상 없이는 표준화된 성행위의 틀 속 포르노그래피적 이미지들을 지리멸렬하게 모방하게 되고 만다. 이것이야말로 내가 앞으로 해나갈 수 있는 성적 실천의 가능성들을 축소해버리는 것이다. 또한 여성적 성적 행위와 남성적 성적 행위를 양분하여 전자를 수동적인 것으로 후자를 능동적인 것으로 여기게 된다. 또는 이성애적 성적 행위와 동성애적 성적 행위를 정상과 비정상의 영역으로 구분해버린다. 이것들은 모두 성적 행위가 가진 풍요로움이나 예측 불가능의 지점들을 간과해 버리는 결과를 낳는다. 우리의 몸에서 나 자신조차도 몰랐던 새로운 감각들을 사랑하는 이와 하나하나 발견해나가고 실험해나가는 것, 이러한 유희의 장을 열어젖히는 것이 성적 행위라 할 수 있기 때문이다. 이럴 때에만 모든 쾌락의 감각을 오직 생식기 중심으로 개편하는 빈곤함에서 벗어날 수 있다. 이것은 포르노그래피가 나의 성적 행위의 이야기들, 서사들을 규정짓도록 더 이상 놔두지 않겠다는 선언이기도 하다. 정말 성기만을 지속적으로 반복해서 자극하는 행위만이 성적 행위의 시작이며 남성의 성기 삽입과 사정만이 성행위의 결정체이자 결말이란 말인가? 이러한 특정 부위의 자극 반복이야말로 성적인 것의 협소함을 드러낼 뿐이다. 내 몸의 다양한 부위들, 다각적 감각들을 활용하여 새로운 성적인 것의 시나리오를 써나가고 그 과정에서 다른 이와 만나는 것이 성적인 것의 실천이다. 그저 '포르노그래피의 서사를 따르는 것만이 성적 행위를 하는 것doing이라 할 수 있는가?'를 지속적으로 질문해야 한다.

나아가 이성애라는 성행위의 방식 역시 하나의 행위로 통일될 수 없는 것이다. 그래야 동성애적 성행위에서 누가 남자 역할을 하며 누가 여자 역할을 하냐는 질문을 통해 이성애적 질서를 동성애적 관계에 덧씌우던 오류 역시 벗어날 수 있게 된다. 성적 행위는 무수한 이성애'들'과 무수한 동성애'들'이라는 다수성의 영역이다. 그러므로 성행위란 단 하나의 정의법에 의해 명료하게 이해되거나 판단할 수 없는 것이다. 이러한 관점에서 볼 때, 게이를 비하하는 욕설을 쓰는 것이 얼마나 빈곤하고 협소한 성의식의 발로인가가 폭로되며 나아가 레즈비언을 이성애자로 되돌아오게 할 수 있다는 삽입의 전능성에 대한 믿음 구도 역시 철저하게 박살 나버린다.

일러스트: 박지승

엄마, 아빠,
아이만이 가족일까?

    동성애라는 특정한 성 지향성—어떤 대상에게, 어느 누구에게 이끌리는가—은 개인의 문제에 그치지 않는다. 이것은 개인과 개인이 함께 사는 공동 주거의 권리와 가족을 구성할 권리를 가질 수 있는가의 문제도 포함한다. 현재는 결혼 계약에 의해서만 가족을 구성할 수 있다. 우리나라의 결혼제도는 남성과 여성 간의 위계적인 성적 차이를 바탕으로 한, 가부장적 잔재가 깃든 관계 형식이다. 그래서 오로지 이성애자 여성과 이성애자 남성의 존재만을 인정하고 다른 성 지향성을 가진 이들을 가족 구성권에서도 배제하고 있다. 다시 말해 기존의 결혼 계약 구조는 남성 중심주의와 이성애 중심주의를 그대로 강화하는 한계를 띤다.

결혼이라는 기존 제도를 LGBT(레즈비언, 게이, 바이, 트랜스 젠더)에

게 허용한 건 2001년 네덜란드가 처음이었고 이후 벨기에(2003년),
캐나다·스페인(2005년) 등에서 동성 결혼이 허용됐고 지난달 미국
이 동성 결혼을 합법으로 선포했다. 올해도 지난 5월 아일랜드가 국
민투표를 통해 동성 결혼을 합법화했고, 멕시코도 지난달 동성 결혼
금지를 위헌이라고 판결했다. 현재 전 세계에서 동성 결혼을 합법화
한 국가는 21개국이고, 커플 등록 등 제도적으로 동성 간 혼인을 허
용하는 국가를 포함하면 35개국이다. 17개 국가는 LGBT가 아이를
입양하도록 허가하고 있다.[3]

이와 같이 많은 국가에서, 개인의 행복 추구권이자 시민권의
하나로써, 성 지향성이 다른 이들도 공공 주거와 가족 구성권을
갖도록 인정하고 있다. 그러나 우리나라에서는 아직도 동성 결
혼이 합법화되어 있지 않으며 모든 성적 계약이 결혼 계약의 형
태로 한정되어 있다. 이러한 관점에서 진선미 의원이 입법 발의
한 '생활 동반자 제도'나 이화여대 법학전문대학원 모임인 풀하
우스에서 입법 발의를 촉구하고 있는 '파트너 등록법'은 매우 중
요한 대안이라 할 수 있다. 이것은 성적 계약의 형태를 결혼 계
약으로 대체하지 않는 방식이자 다양한 성적 지향성을 지닌 이
들끼리 공동 주거와 사랑 연합을 지속성 있게 구성하도록 한다.

---

3. 〈중앙일보〉, "동성 결혼 허용 35개국으로 늘어 … 17개국은 아이 입양도", 2015년 7월
   4일 자.

여기서 지속성은 영구성과 다르다. 영구성은 본능과 인륜 등 본성이나 자연적인 것으로 남녀의 결합 상태를 이상화하는 것이기 때문이다. 이는 어떠한 경우에도 결혼 계약의 해지를 올바르지 않은 것으로 본다. 그러나 지속성은 각자의 행복추구권에 어긋나는 관계 양식에 대해서는 계약 종료를 요구할 수 있고 관계의 끊어짐이 가능함을 뜻한다. 이는 가족이 더 이상 자연적이고 본능적인 것이 아님을 말한다. 또한 남성에 의해 여성과 자녀들이 일방적으로 통제되고 소유되던 가부장적 관습의 철폐를 뜻한다. 이를 통해 새로운 가족, 탈가부장적이고 이성애 중심적이지 않은 가족 양태를 구상할 수 있게 되는 것이다. 생활동반자 제도나 파트너 등록법은 성적 계약을 전면화하여 두 계약자 간의 자발적 동의에 의해 구성되며 서로가 계약을 이행하기 어려울 때는 해지할 수 있도록 한다. 이를 통해 영속적 가족신화가 가져오는 가정 폭력의 양태를 제한할 수 있다. 또한 성적 계약을 통해 두 사람이 공동 주거 방식이나 재산권과 상속권의 분배 양식, 사랑 결합의 동등성 여부 등을 지속적으로 조율하고 협상할 수 있도록 한다. 더불어 계약 관계의 불평등함을 극복하기 위해 새로운 정치적 관계로 공동 주거와 사랑 연합의 양식을 재구성해나가도록 한다.

그리스 신화 속
다양한 사랑들

　그렇다면 우리 사회는 왜 인간의 표준형을 항시 이성애자로 설정하여 그들을 모든 권리의 독점자로 규정하고 있는가. 이러한 이성애 중심주의는 모든 역사 속에서 유효한 것이었을까.

　플라톤은 『향연』에서 아리스토파네스의 신화를 통해 태초 인간의 모습을 보여준다. 아리스토파네스에 의하면 태초의 인간은 완벽한 구, 원형의 상태로서 어떠한 결핍도 지니지 않은 존재이다. 그들은 사랑조차도 필요하지 않은 존재들로 묘사된다. 이러한 완전성과 온전성은 구형이라는 원의 이미지로 나타난다. 그리스 전통 철학에서 구형, 원형은 원인과 목적, 귀결점이 모두 하나로 일치되는 자기 충족적이며 완벽한 형태라 할 수 있기 때문이다. 또한 원형은 어떠한 이지러짐 없이 모든 걸 자족적으로 충족시키고 충만한 상태이기 때문에 신의 상징 중 하나이기도 하다. 신은 모든 것의 원인자인 최초의 시작점이자 모든 운동이 향해 나가는 목적점이자 인간을 포함 모든 존재가 죽은 후에도 신의 심판에 의해 내세가 결정되는 귀결점이기 때문이다. 다시 말해 신은 처음이자 과정이자 마지막 점으로 완벽하게 맞물리는 원 운동을 구성한다. 바로 이러한 신적인 것을 태초의 인간들은 스스로가 구현해낸다고 생각한 것이다.

이로써 태초의 인간은 신의 형상을 스스로가 갖추었다는 생각에 사로잡히게 되어 신에 도전하게 된다. 즉 신이라는 자신의 원인자, 자기보다 먼저 오는 존재들에 대한 도전을 감행하게 된 것이다. 그리스 철학의 논리구조에서는 먼저 오는 것, 먼저 존재하는 것은 보다 궁극적인 것으로 여겨진다. 먼저 오는 것, 먼저 존재하는 것은 그보다 나중에 오는 것에 대한 기본 바탕이 되기 때문이다. 뒤에 오는 것이 먼저 오는 것에 의존하는 구조인 것이다. 바로 이러한 관점에서, 뒤에 오는 인간이 먼저 오는 신에게 일말의 영향력을 미치거나 신과 같은 완전성을 구현한다는 주장은 이미 질서를 위협하는 행위인 것이다. 이러한 그리스적 논리는 진화론적 관점과 대치되어 보인다. 이러한 논리 속에서, 죽을 수밖에 없는 인간이 죽지 않는 신을 넘어선다는 것은 신에게 있어서는 도전이자 강력한 처단의 대상으로 지목할 만한 일인 것이다. 이러한 처단에 대한 강력한 의지는 역설적으로 이러한 전복적 행위가 가진 영향력에 대한 반증이기도 하다. 아리스토파네스 신화에서도 신에 도전하는 인간의 전복적 행위는 처단 대상이 된다. 그리하여 태초의 인간은 그 원형적 상태를 잃고 둘로 잘리고 만다. 이로써 완전한 상태에서 약화된 상태로 전락하게 된다.

신에 대한 도전은 처벌을 수반하며 이러한 처벌 효과로서 원형의 완전한 몸을 가진 인간은 둘로 잘려진다. 즉 인간들은 다양한 형태를 가지게 되는데 이 다양한 형태는 다양한 성 지향성들로 나타나게 된다. 이 신화에서는 이성애가 근본적이고 정상적, 본래적인 성적 지향성이 아니다. 이성애만이 아닌 동성애 등의 다양한 성적 지향성들이 제시된다. 오히려 여기서는 남성 동성애가 가장 숭고하고 이상화된 성애의 형태이다. 그다음이 이성애이며 가장 하위의 성애가 여성 동성애로 그려진다. 그리고 여성 동성애가 문헌에 기록된 것은 플라톤의 『향연』이 최초라고 한다. 그렇다면 현재와는 다른 이러한 위계적 성애화는 어떠한 의미를 지니는 것인가.

고대 그리스에서 에로스라는 사랑 개념의 바탕은 소년 사랑, 교육적 동성애로서의 성격이 강하다. 즉 에로스라는 사랑은 개인들끼리의 사적인 영역을 넘어서는 것으로 정치 사회적이며 공적인 성격을 가지고 있는 것이었다. 왜냐하면 국가는 자유민 남성들 간의 토론이 이뤄지는 정치적 장이자 다른 도시 국가와의 전투를 수행해 내야 하는 전투 공동체이기도 하기 때문이다. 그리스 사회에서 정치와 사회 전반의 문제를 결정하는 이들은 오직 내국인 남성이며 여성과 아이, 외국인, 노예 등은 시민의 자격을 갖지 못한 이들로 배제되었다. 그러하기에 미래의 시민에 적합한 성별인 남성과 적합한 계급인 자유민인 소년은 성인 남성을 통해 나라를 잘 운영하는 방법 및 전투 수행 능력 등을 전수받아야 했다. 바로 이러한 교육과정에서 소년 사랑은 도시 국가 공동체의 지지 근간으로 자리 잡은 것이다. 즉 그리스 사회에서는 여성을 배제한 남성들끼리의 연대와 유대가 사회와 국가를 구성하는 요소인 것이다. 절대 불변하는 영혼이 이미 남성적인 것으로 여겨져 왔으며 오직 남성만이 이성적 담화 능력을 제대로 갖춘 존재로 판단되었기 때문이다. 그러하기에 이들만이 교육, 문화, 사회, 정치 등의 모든 영역을 독점할 수 있다고 본 것이다. 또한 이성적 능력의 전수와 계승을 통해 진리라는 정신적 불멸성을 유지해 줄 수 있는 것은 남성과 남성끼리의 사랑을 통해서라고 생각하였다. 남성 동성애는 정신적 불멸성을 계승하기 위해 최적화된 성애의 양태로 그리스 문화에서 숭앙의 대상이 되었다. 이를 통해 모든 역사 속에서 이성애가 가장 우월한 성 지향성으로 인식되지 않았음이 드러난다.

남성 동성애 다음에는 이성애가 중요하게 여겨졌는데 그 이유는 종족 보존이라는 생물학적 불멸성을 유지하는 데 이것이 기여한다고 여겨졌기 때문이다. 그러나 이성애는 남성 동성애보다 못한 것으로 여겨졌는데 생물학적 유전자를 남기는 육체적 불멸성보다도 정신적 불멸성이 더 중요하고 가치 있는 것으로 그리스 사회에서는 받아들여졌기 때문이다.

그리스 사회에서 여성 동성애는 가장 낮은 위상을 가진 단계의 성애로 여겨졌다. 왜냐하면 이것은 어떠한 불멸성에도 기여하지 못하는 것으로 생각되었기 때문이다. 이것은 그리스 사회에서 여성의 낮은 위상을 반영한다. 이성애에서도 여성은 시민에 포함되지 않는 비천한 신분으로 여성의 육체는 생식을 위한 수동적 그릇으로 여겨진다. 이를 통해 고대 그리스 철학과 신화에 내재한 남성 중심성이 여실히 드러난다고 할 수 있다. 여성은 생식을 위한 수단일 뿐 고대 그리스 사회에서 어떠한 정치적, 문화적, 사회적, 예술적 창조도 할 수 없는 존재로 그려진다. 따라서 두 여성의 성적 결합은 어떠한 것에도 기여하지 못하는 소모적 행위, 불필요한 행위로 평가절하 되었다. 즉 남성 동성애에 대한 이상화 방식에는 여성을 남성보다 열등한 존재로 여기는 여성 혐오의 정서가 전제되어 있다. 여성 동성애에 대한 멸시나 비하가 작동한다고 할 수 있다. 다시 말해 그리스 사회에서 남성 동성애가 가장 우월적인 성 지향성의 양태로 자리 잡았는지 몰라도, 여성 동성애를 가장 열등한 것으로 여김으로써 동성애 속에서도 성별에 따른 차별이 존재함이 드러난다.

사랑의 얼굴은
단 하나가 아니다

"나는 100퍼센트, 200퍼센트 이성애자야!"라는 단정만큼 허공에 댄 헛발질의 선언은 없을 것이다. 오스트리아 정신분석학자인 지그문트 프로이트에 의하면, 어린아이란 존재는 다형적 변태성을 지니고 있다. 다형적 변태성이란 어느 것이든, 무엇이든 간에 성적인 에너지를 다 투여할 수 있다는 의미이다. 그것이 사물이든, 신체의 어느 부위이든, 사랑의 대상이 다른 이가 아닌 자기 자신이든 상관이 없는 것이 어린아이가 갖는 성적 에너지의 역동성이다. 어린아이는 모든 것에 성적 애착을 가질 수 있는 범성애적인 존재로 성적 에너지 장 안에 모든 것을 다 빨아들일 수 있다. 그런 어린아이에게 생식기는 곧바로 쾌락의 장소가 아니다. 어린아이는 자신의 몸의 일부이자 몸 바깥으로 배출된 배설물에 대해 갖는 애착은 물론 배변활동의 쾌락을 탐색하는 단계인 '항문기'에서 모든 것을 입으로 가져가 맛보고 탐색하는 단계인 '구강기'를 거쳐 모든 이가 다 자기 자신에 대한 애정과 애착의 기관으로 남근을 가졌다고 여기는 '남근기' 단계에 이른다. 그 후 '잠복기'를 거쳐 어렵사리 '생식기'에 도달하게 되며 숱한 교정과 훈육 끝에 이성애자로 다다르거나 그렇지 않게 되는 것이다.

그럼에도 불구하고 온갖 동화책과 성교육책, 텔레비전과 영화에선 왕자님과 공주님의 해피엔딩 사랑과 결혼 이야기만 잔뜩 나온다. 소꿉놀이도 결국 엄마 아빠의 역할을 어린 시절부터 흉내 내는 것이며 이는 어른으로부터 용인된 아이들의 놀이 문화이기도 하다. 그런데 정말 이러한 방식으로 설정되는 동화 속 주인공들의 행복 구도가 다형적인 성 에너지를 지닌 어린이들을 위한 것이라 할 수 있을까? 한 아이가 느끼고 실험하고 탐색할 수 있는 자신의 몸이라는 우주와 자기를 둘러싼 사물과 세계에 대한 호기심과 애착의 장을 너무 섣불리 이성애 서사에 가둬두는 것은 아닌지 되물어야 한다. 왜냐하면 우리는 이성애, 동성애, 양성애, 무성애 등의 다양한 성적 지향성을 가진 존재이기 때문이다. 따라서 다양한 성적 지향성과 사랑의 모습들을 담은 동화들을 읽을 권리를 찾기 위해 우리는 더 상상하고 고민하고 기획해야 한다. 그렇다면 성 지향성에 따른 차별의 구조에서 현재 성별 체제의 차별 양식에 대해 이야기해보자.

"뭘 낳으셨어요?" 이러한 무례한 질문이 마치 출산한 이에게 친근히 말 거는 법이자 관심의 표명이라고 생각하는 경우가 꽤 있다. 아이를 낳는다는 것은 초음파로 태아 성별을 알게 된 시점부터 시작해서 그 아이에게 기대하는 바가 남아인지 여아인지에 따라 전혀 다르게 설정되어야 한다는 것을 뜻하는 것이기도 하다. 또한 겉모습만으로 남자아이인지 여자아이인지 구별하기 어려운 영유아 시기에는 부모들의 강박적이고도 안간힘 어린 노력들이 본격화된다. 아이의 성별을 확연히 드러내기 위해, 여자아이는 분홍색 옷과 원피스, 머리핀 등으로, 남자아이는 푸른색 옷과 바지, 짧은 머리 등으로 구분한다. 이처럼 인간은 성차가 뚜렷하지 않을 때마저도 여성적·남성적 몸이라는 두 개의 범주 안으로 들어오길 강요받는다. 이렇게 강박적으로라도 여성적 또는 남성적 몸을 아이들에게 강요하는 이유는 뭘까. 이 사회에서 부모가 된다는 건 바로 딸이나 아들을 낳은 자를 의미하기 때문이다. 그러하기에 딸도 아니며 아들도 아닌 모호한 상태의 아기를 낳는다는 것은 곧 괴물을 낳은 것이라는 뜻일 수 있다.

오스트리아 프라이버그 대학(University Freiburg)의 지그리드 슈미츠 박사는 지금까지 밝혀진 것만으로도 지구상에는 4,000여 개의 성복합체가 있다고 밝혔다. 세상에는 여성과 남성만 존재하는 게 아니라 염색체의 결합 여부에 따라서 중성(中性)이나 간성(間性)도 함께 존재

한다는 의미가 된다.[4]

　그렇다면 우리가 너무도 당연하게 여기는 남성과 여성이라는 생물학적 차이 외에도 신생아 2,000명 중에 한 명은 성기나 염색체, 성 호르몬, 생식샘을 통해, 남성으로도 여성으로도 정의될 수 없는 인터섹스Intersexuality, Intersex, 간성으로 태어난다. 남성인지 여성인지 여부가 주로 외부 생식기의 모양으로만 판단되어 왔던 성별 체제에서는 모호한 성기 모양을 가지고 태어난 간성 아기나 2차 성징이 나타나지 않는 간성 청소년들은 문제적으로 다가왔다. 부모에게는 괴물을 낳았다는 경악의 감정을, 의료진에게는 여태껏 부여해 왔던 존재의 질서가 위협받는 도전이기 때문이다. 그러하기에 간성 아기는 자신의 의사와는 상관없이 여성 또는 남성으로 즉각적으로 교정되고 확정적 성별을 부여받아야 할 존재로 인식되어 왔다. 페미니스트 사회학자 수잔 케슬러에 의하면 "성기의 모호함은 '교정'되어야 하는데, 이는 아기의 삶을 위협하기 때문이 아니라 아기가 태어난 문화를 위협하기 때문이다."[5] 간성 아기는 하나의 성으로 규정되기 위해 엄청난 고통을 수반하는 외과 수술을 몇 번이나 몇 십 년에 걸쳐 반복적으로 받

---

4. 〈오마이뉴스〉, "남성 아니면 여자? 중성으로 살면 안 돼?", 2006년 5월 19일 자.

5. 바네사 베어드(김고연주 역), 『성적 다양성, 두렵거나 혹은 모르거나』, 이후, 2007년, 193~194쪽.

아야 한다. 간성 협회는 성기 교정술을 통해 정상인으로 편입되길 요구하는 이 사회에 저항한다. "동의 의사를 표명할 수 없는 아기에게 (성기)성형수술을 시키는 것은 비도덕적이라고 간주하고 이에 대한 반대 캠페인을 벌이고 있다. 어린 시절 설명을 제대로 듣지 못한 채 반복적으로 검사와 수술을 받고 고통과 감염에 시달려야 했던 많은 간성들"[6]이었기 때문이다. 그래서 간성 협회는 다른 어린 간성 아기들이 이러한 고통의 역사를 반복하지 않도록 하기 위해 강제성기교정술에 대한 반대와 거부 의사를 정치적으로 표명했다. 나아가 독일은 2013년부터 출생증명서는 물론 여권에 간성을 위한 결정불가의 성인 제3의 성을 위한 공란을 추가하여 기록할 수 있도록 하였다. 이를 통해 간성 아기가 이분법적 성별 체제에 급하게 귀속될 필요 없이 살아갈 수 있도록 한 것이다.

이와 같이 우리는 여성과 남성만이 아니라, 간성이 존재한다는 것을 알게 되었다. 그뿐만 아니라, 누군가에게 이끌리는 사랑과 욕망의 대상이 반드시 이성애일 필요가 없음도 알게 되었다. 이를 통해 우리는 "나는 누구인가?"라는 질문 앞에서 더욱더 풍요로운 나에 대한 탐색의 방향들이 있음을, 더 넓은 '나'라는 우주 속에 유영할 수 있게 되었다.

---

6. 바네사 베어드, 앞의 책, 192~193쪽.